南の鬼談
九州四県怪奇巡霊

久田樹生

竹書房
怪談
文庫

目次

※本書に登場する人物名は、様々な事情を考慮してすべて仮名にしてあります。また、作中に登場する体験者の記憶と体験当時の世相を鑑み、極力当時の様相を再現するよう心がけています。現代においては若干耳慣れない言葉・表記が登場する場合がありますが、これらは差別・侮蔑を意図する考えに基づくものではありません。

巡霊への誘い　――まえがき

日本全国津々浦々には様々な怪異譚がある。
気候風土が醸すものもあれば、外部からもたらされたものも。
様々な場所の怪異を取材・調査をする度に思い知らされる。
極端だが、オーストラリアの怪異を例に取ってみよう。
オーストラリアは南半球で、北半球の日本とは真逆の季節となる。
日本が春なら、オーストラリアは秋。
日本が夏なら、オーストラリアは冬。
そこを踏まえた後、先へ進んで欲しい。

二年ほど前の話。
ある総合商社の男性にオーストラリアへの出張が決まった。
日本が冬だったので、メルボルンは夏であった
滞在中ホテルの部屋で、彼は予想外の者に出くわしてしまう。
それは〈ここ数年、自分をストーカーしている女性〉。

ストーカーと言っても、生きている人間から抜け出した魂の存在――オカルト的に言うなら生き霊――だ。

ただ、目の前にいるのはコートなどで厚着をした姿であった。

更にニットキャップを深々と被り目元を隠している。特徴的な口元は剥き出しで。

ここ数日、メルボルンでは見ないような冬の様相に彼はこんなことを思った。

(日本から来たからか――)


まさに気候と風土の違いを含む怪異であろう。

今回は少々軽めに書いたが、この男性が何年にも亘り体験したことは、少々ヘヴィな話である。それについては別の機会に譲ろう。


日本は南北に長い国である。

南の国と北の国では当然、様々な違いが存在する。

気候と風土、言葉、風習、何もかも。

しかし、実は共通項もまた多い。

例えば九州と東北でも、だ。

根底に流れるもの、根っこが同じではないかと感じる。

だから、今回の「南の鬼談　九州四県怪奇巡霊」を読まれた読者諸兄姉の中には、自分が住む土地と相通ずるものをお感じになる方も少なくないだろう。

自分からほど遠いと思っていたものの中に、近いものが隠されているのだから。

それではゆっくりと巡礼を始めて欲しい。

九州四県――大分県、熊本県、宮崎県、鹿児島県の怪奇の場を巡り、秘められた霊魂の声を聞く旅を。

著者

大分県

鶏

大分県の南東端にある佐伯市。

海と山を擁しており、美しいリアス式海岸は国定公園に指定された。

現在は県外からの移住者を募っており、移住サポートも行っている。


江口さんはこの佐伯市に移り住んだ男性だ。

二十代前半の頃、北陸地方で会社員をしていたのだが、ある日突然「こんな生活で良いのか」と疑問を抱いてしまったことがきっかけだ。

太平洋側がよいと、幾つか選んだ後、直感で決めたのが佐伯市だった。

住まいは山沿いの地域にある木造一軒家である。

前に住んでいた住民が老衰で亡くなってから空き家となっており、とても安く借りられた。

とはいえ、コンビニもスーパーも近くになく、車がないと生活は出来ない。

他にあるのは隣家が一軒だけ。しかもこちらの建屋と身を寄せ合うように密接した状態で建てられている。お互い木造のせいか、あちらの生活音も伝わってくるし、相手の出入りも分かる。ということは自分の行動も相手には伝わっているはずだと、それが何となく気になったが、それでも新天地だと、喜びの方が大きかった。

とはいえ、移り住んでから、幾つか後悔もあった。

仕事のことや金銭面。知り合いすらいない、慣れない土地。言葉は分かるけれども、時折、年配の人と話すと意味不明な方言も飛び出してくる。

北陸へ帰ろうかなと頭に浮かんだ頃、例の隣家に住むお婆さんに助けられた。

お婆さんと行っても、そこまで老け込んだ印象はない。髪は黒く、肌つやも良いし、背中もしゃんと伸びている。服のセンスも程よく若い。

年齢を聞くと六十をとうに過ぎているらしい。

名字は朝来野《あさくの》といい、夫に先立たれて以来、ひとり暮らしの人物だった。

「よう知らんとこで慣れんやろうが、何とかなるもんよ。私もそうやったもん」

朝来野さんはそう言っては、様々な形で気に掛けてくれる。

最初こそ、お節介だと感じた。しかし、彼女の人柄だろうか。自然に打ち解けていく。

(こういう人がいるのだ。もう少し佐伯市に住み続けよう)

心を新たにするきっかけになり、彼はこの生活を楽しむ前向きさを取り戻した。

佐伯市に住み始めて二年が過ぎようとした頃か。

仕事から戻ってくると、朝来野さんの家に二台ほどの見慣れぬ車が停まっていた。

一台はワンボックスカーで、もう一台は高級セダンだ。

どちらも後部ウインドウにスモークを貼ってある。

お客さんかなと自宅へ入れば、隣から言い争うような声が漏れ伝わってくる。

——いつまでん、聞き分けがないねぇ！

——そげなこつ言うけん、アンタは。

朝来野さんの声ではない。聞き覚えのない、男女の声だった。

聞いてはいけないと分かっているが、勝手に耳に入ってくる。

理解しないようにしても、何となく意味することも分かってきた。

要するに、朝来野さんが大分市に持っている土地家屋などの権利関連を譲れ、という話であり、迫っている側は彼女の夫側の親族のようだ。

説得が通じないと分かったのか、また来ると告げて親族が帰っていった。

口を挟むべきではないと思うのだが、朝来野さんが心配だった。

江口さんはお菓子のお裾分けを口実に、隣を訪ねた。

「ああ、江口さん……」

疲れ切った表情の彼女が出迎える。お菓子を見せると、お茶を飲んでいけと誘われた。

居間に上げられ、テーブルの前に座らせられる。

湯飲みがひとつもなく、また、来客をもてなしたような形跡も見当たらない。

「聞こえちょったでしょ？」

曖昧な返事を返すと、笑いながら教えてくれた。

「私の夫が持っちょる財産の無心に来たち。夫の兄弟とそん子供らがね」

あの連中が自分と夫に何をしてきたか。今でも忘れないから、絶対渡したくないのだと朝来野さんは苦笑を浮かべている。

詳しい事情を訊くに訊けず、もくもくとお菓子を食べ、お茶を飲んだ。


この日を境に、朝来野さんの家には件の親族がたびたび来るようになった。

続く攻防のせいか、彼女の髪に白いものが増え始め、一気に老け込み始めていく。

助けられるものなら助けたい。恩返しをしたいと江口さんは申し出たが、いつもやんわりと断られる。

「心配ねえ。何とかなる」

気丈に振る舞うその姿は、明らかに無理をしている。

出来ることはないかと探したけれど、江口さんには何も思いつくことが出来なかった。

財産関連の話が始まってから数ヶ月後か。

夕方、朝来野さんが家にやって来た。

一週間ほど友達がいる奈良へ明日から旅行へ行くという。

餞別を渡そうとしたら固辞され、逆に二本の鍵を渡された。

「何処かで落としたら、よくないけん」

倉庫と金庫の鍵だった。

小さなマスコットが着いたキーホルダーに纏めて通されている。

ピンと来た。あの親族を警戒しているのだ、と。

多分、大事な権利書などを倉庫や金庫に入れているのだろう。確かに預かりますと答えると、彼女は安心したような顔で戻っていった。

読み通り、二日に一度くらいの割合であの親族たちがやって来る。

二回目くらいにはこちらの家を訪ねてきた。

初老で癖のある顔の男性と、派手な格好の中年女性だった。

「隣んもんは、何処へ行った？　なんか聞いちょるか？」

知らないとだけ答えると、挨拶もなしに戻っていった。


朝来野さんが旅行から戻ってきた夜だ。

お土産を持って来てくれたので、家に上げた。

出されたお土産は、何故か奈良県のものではなく、宮崎県のものだった。

疑問に思うが、言って良いものか悩んだ。とりあえず鍵を返し、マグカップに入れたお茶を勧めるが、ひと口も口を付けてくれない。彼女がポケットから何かを取り出した。

「江口さん。これを元猿海岸で捨ててきち」

シンプルな、銀色の指輪だった。

磨き上げられたようにキラキラ輝いている。

ふと彼女の左手薬指を見る。同じデザインの指輪が光っていた。これまで意識していなかったが、夫が亡くなってからもずっと嵌め続けていたのだろうか。

捨てられないですよと断るが、頑として譲らない。

理由も教えず、こちらの言い分も聞いてくれなかった。

根負けし、了承すると安堵した表情を浮かべる。

そこで漸くお茶を飲み始めた。

宮崎土産を開けて差し出すと、普通に食べている。疑問に思っていないようだ。

旅行の話ではない雑談を続けていると、いつの間にか深夜に近くなっていた。

「あら、ごめん。お暇するわ」

何となく気になって、彼女を家まで送る。

室内に入るのを見届けてから自宅へ戻った。

指輪は大事に小物入れに収め、近いうち海岸まで行くことを決めた。

が、その日の朝方だ。

鶏の声で目が覚めた。

辺りはまだ薄暗く、夜が明けきっていない。

声の感じから言って、多分、二羽か。

どうした訳か、頭の中に〈つがいの鶏〉の姿が浮かぶ。

声は近くから聞こえるが、この辺りに飼っている家はなかった。そもそも、ここには自分と朝来野さんの家しかないのだから、それは確実だ。

(野良鶏かな)

未だ覚醒しきっていない頭で考えていると、不意に鶏の声が止んだ。

そして、野太く劈《つんざ》くような野鳥らしき声が一度だけ響き渡った。

唐突に、しんと静まりかえる。

何となく胸騒ぎがして、いそいそと身支度をして外へ出た。

(……ん?)

朝来野さんの家の前に、男女が二人立っている。

あの親族ではない。どちらも若く、きちんとした身なりをしている。

男性は濃紺のスーツ。女性はグレーのスーツだった。

何故か白い手袋をしている。

向こうもこちらに気づき、頭を下げた。

挨拶をしながら近づくと、二人は笑顔で近づいて来る。

「早朝からお騒がせしております。朝来野様のお引っ越しでして」

引っ越し？　まるで聞いていない。理解が追いつかない。

彼女の家の玄関は開けっ放しになっており、そこから見える部屋の中はすでに荷物を運び出されれ、がらんどうになっている。

昨日、旅行から戻ってきたばかりで、こんなに早く荷物を出せるものか。

いや、旅行中に持ち出されたのか。

違う。自分は毎日隣を気にしていた。問題の親族と預かった鍵のことがあったからだ。荷物の搬出はなかったと断言できる。それに、少なくとも昨日の夜に送っていったときにはそんな様子はなかった。では、いつの間に。

こちらの狼狽ぶりを察したのか、男性が口を開く。

「先ほど荷物は運び出し終えまして、あとはチェックをした後、施錠して帰ります」

引っ越し業者ではなく、不動産会社の担当なのだろうか。

（待て。さっき運び出したって？）

あれだけお互いの生活音が聞こえるような家同士だ。引っ越し作業の物音が聞こえないはずがない。聞こえて来たのは鶏と野鳥の声だけだ。

混乱の中、朝来野さんは？　と訊ねると、女性の方が答えた。

「もう、お引っ越し先へ……」

玄関に鍵を掛け、男女は一台の白い車で走り去っていく。車体の何処にも社名の類いはなかった。だから何処の会社かすら分からなかった。

(なんで一言もなしで)

呆然としながら、自宅へ戻る。

ふと思い出した。以前、携帯番号を交換していたことに。

近いので、用があれば直接出向いていたので、これまで使ったことがなかった。

電話を掛ける。

『……お掛けになった電話番号は』

繋がらなくなっていた。


朝来野さんがいなくなってからも例の親族の訪問は止まない。

彼女の行方を知らないかと凄まれたが、答えようがなかった。

それでも繰り返し江口さんの家にやって来る。

何度目だったか、少し気になることがあった。

彼ら全員が怪我をしていたのである。

一番年嵩の男は、松葉杖。

少し若い男は顔や首筋にガーゼを当てている。

中年女性は、両手首に包帯が巻かれ、もうひとりの女性は片腕を吊っている。

事故にでも遭ったのか。玄関先に止められた二台のワンボックスと高級セダンを見れば、以前と同じ車種で、綺麗に磨き上げられていた。

こんな状態で運転が出来るのかと疑問に思っていると、叫び声が一度聞こえた。

子供の声だったように思う。言葉でなく、ただの悲鳴のような感じか。車の方からだ。

親族が一斉に後方を振り返った。

誰も動く様子がない。

セダンの後部座席側ウインドウが僅かに開いた。

何かがその隙間で動いた――その瞬間、親族が一斉にワンボックスに乗り込み、走り去る。

まるで逃げ出すような様子が垣間見えた。

(何なんだ?)

江口さんは疑問に思ったが、用事があるのでそのまま出かけた。

置き去りにされたセダンの脇を通り過ぎるとき、フロント側から車内を確かめる。

見た限り、誰も乗っていなかった。

後部ウインドウの隙間からも見てやれと横に立って気がつく。

いつの間にか窓はピッチリと閉まっていた。

スモーク越しに目を凝らすが、当然ながら見え辛い。

もう一度前方から中を覗いた。やはり隠れているような人間は居ない。

では、何故ウインドウが動いたのか。知らぬうちに閉じていたのか。悲鳴は何だったのか。

首を捻るほかない。

原因不明のまま出先で用事を済ませ、夕方戻ってくると、すでにセダンはなくなっている。

どうしたことか、セダンがあった場所に大量の塩が撒かれていた。

これが、彼らの姿を見た最後だった。


朝来野さんの行方は今も不明だ。連絡もない。

江口さんは三十歳になった。彼は現在大分市へ住居を移している。

小さなアパートにひとり暮らしだ。

実は、朝来野さんから預かった指輪を今も持っている。

理由はない。何となく捨てられなかったからに過ぎない。

彼女との約束を守っていないことだけが、心残りだ。

この指輪を思いつきで、左手薬指に嵌めてみたことがある。

どうした訳か、誂えたが如く江口さんの指にぴったりだった。

国道十号線

深夜、木藪君は大分市内に向けて車を走らせていた。

時刻は午前二時過ぎ。

高速を下り、見知った道に出る。すれ違う車もない。

空いた道路を進みながら、気だけが逸る。

早く目的地に辿り着きたかった。点滅信号、赤信号。全てが煩わしい。しかし安全運転を心がける。焦っているときこそ気をつけろ、だ。

（しかし、今日に限って）

その日は、出張で宮崎県の端に泊まっていた。

そこに、母親から「早く帰ってき。急に……」という電話が入ったのだ。

予想外の連絡は、まさに火急の用事であった。


何度目かの曲がり角を抜けると、大きめの道路に出た。

見覚えがある。

国道十号線だった。

しかし、この国道を使うと目的地には遠回りになる。

(間違ったか)

一度脇道へ入り修正を行う。

だが、その後も繰り返し国道十号線に出た。

(慣れた道なのに)

焦りのせいで間違えてしまうのだろうか。

一度路肩へ止め、カーナビを付けた。こういうときは機械の指示に従うのがベターだ。

〈次の交差点を右に……〉

案内に沿って進んだが、途中、自分が通ったことのない道になった。

結果、また十号線に出る。

カーナビですら間違えるのはおかしい。異常だ。

ウインカーを点け、もう一度道路の脇へ停車する。一度案内を切ろうとナビへ腕を伸ばした
——そのときだった。

助手席側の窓が叩かれた。

完全に油断していたので思わず声を上げてしまう。

警察だろうか。それとも違う誰かだろうか。

叩かれた窓の方に顔を向けたが、誰もいない。

今度は、歩道側後部座席辺りの方から窓を叩く音が聞こえた。
確認するが、何の姿もない。
恐る恐る外へ出て、歩道に上がった。
窓を叩いたような人物は見当たらない。
ただ、ウインカーの明滅に照らされて、真新しい菊の花束とお供え物があった。
（こげんもの、あったか？）
普通なら運転中でも気がつく。しかし覚えがない。急に背中が寒くなる。
慌てて車に飛び乗り、逃げるようにその場を後にした。
途端に、カーナビが案内を始める。
〈次の交差点を左〉
設定を終えていたか。それとも解除し忘れていたのか。記憶にない。
ルートそのものは間違えていないようだが、無視をして自分の思うがままに進んだ。
その後は一度も国道十号線に出ることなく、何とか目的地に着いた。
時計はすでに午前四時前を表示している。
どれほど道に迷っていたのか。いや、今はそんなことを気にしている暇はない。
車を飛び出し、目の前の建物――産婦人科医院へ駆け込む。
彼を見つけた母親が叫んだ。

「あんた、遅かったぁ！　……さっき」

妻と、初めての子供が命を落としたのは、数十分前だった。

後に分かったことがある。

妻と子供がこの世からいなくなる前日、彼の友人もひとり亡くなっていた。

交通事故だった。

現場は、あの夜、菊の花が飾られていた場所だった。

そこにある

大分県と言えば、温泉であろう。

由布市湯布院町や別府市などが有名だ。

別府市には〈地獄巡り〉という温泉がらみの観光スポットもある。


熊脇さんは三十代で、温泉好きの男性だ。

と、同時に単独行のトレッキングやハイキングも好んだ。

自然の中を歩き、最後、その土地の温泉に入るのは至上の喜びであったという。

そんな彼が大分県を訪れた。

レンタカーを使って、ひとりでトレッキングと温泉巡りをするためだ。

師走がやって来る前にと、十一月後半のことだった。

事前にネットで調べたところ、大分市にも高尾山があると知った。更に別府市にはトレッキングコースもある。

渡りに船だなと、彼は勇んでレンタカーを発進させた。

(凄いな、大分。いいところだ)
初日から大分県の素晴らしさに感動すら覚えた。
自然そのものにもだが、人間の温かさや食べ物の美味しさなどどれも心に響く。
定年退職後には大分県の何処かへ移住したいと思ったほどだ。
それほど、大分の水は彼に合っていた。
二日目、三日目もその気持ちは変わらない。
四日目、翌日地元へ帰るという日の朝は、名残惜しい気持ちでいっぱいであった。
(帰りたくないなぁ……)
早朝から開始したトレッキング中、繰り返しそう思った。
しかし仕事が待っている。そんなことも言っていられない。
せめてこの美しい景色を目に焼き付けようと、ゆっくり噛み締めるように歩く。
そのとき、遠くに何か白い煙のようなものを見つけた。
最初は焚き火かと思ったが、それが湯気であることにすぐ気づいた。
山の中に湧き出した温泉だろうか。
名ばかりではない、真の秘湯かも知れないと興奮を抑えきれない。
(せっかくだから、確認しに行こう)
コースを外れて、藪の中へ分け入った。

帰りに迷わないよう、何度も周囲の特徴や景色を頭に叩き込みながら、緩い傾斜を下っていく。落ち葉で足を滑らさないよう、足下も確認しながらなので、時間が掛かった。

湯気が近づいて来る。もう少しだろう。

木々の合間から見える斜面の下に、それらしきものが覗いた。

迂回するように降りていく。

「おお……！　あったぞ」

自然に湧き出したと思われるお湯溜りを発見した。

大人ひとりが横たわることが出来そうな直径を持つ、歪な丸だ。

湯のせいか周囲の木や草はそこを避けるように生えている。

しゃがみ込み、恐る恐る手を近づけてみる。熱気を感じた。かなりの温度のようだ。

(そりゃそうだよなぁ。遠くから湯気が分かるくらいだし)

入浴は断念し、ザックからミラーレス一眼レフカメラを取り出したそのときだった。

背後から人の声が聞こえた。

若い男女の会話だ。振り返るが、誰も居ない。

上の方にあるトレッキングコースを行く人の声がここまで届いているのだろうか。

もう一度耳を澄ます。

〈……だ〉

〈……やだ〉

やはり声が聞こえる。次第に会話内容が分かってきた。

〈こんな所に居たくない〉

〈こんな所でいつまでも放置されるのは厭だ〉

細かい言い回しなどは忘れたが、概略このような内容だった。

（一体、何を言っているんだろう）

疑問しか湧かない。ただ、声は意外なほど近いことに気がついた。

立ち上がり、改めて周囲を見渡す。やはり誰の姿もない。

木の陰に誰か立っていないかと目を凝らすが、それらしき影も見えない。

しかし声は更に近づいてくる。

〈家に帰りたい〉

〈どうして誰も見つけてくれないのか〉

訴えるような言葉が、ハッキリと聞こえた。

身が固くなる。自分は一体、何者の声を聞いているのか。

この場から離れようとしたときだった。

〈連れて行って〉

右耳のすぐ傍で、女の声が聞こえた。

〈そこにあるから〉

左耳に男の声が響いた。

熊脇さんは右手にカメラを持ったまま、一気に斜面を駆け上がる。

黒い土に爪先を突き込むようにして、最短距離でコースまで戻ろうとした。

しかし、声が追ってくる。

〈そこにあるから〉〈連れて行って〉

振り返るが、誰の姿もない。

空いた方の手で枝や幹を掴み、上を目指す。

しかし、さっきあれほどチェックしておいた特徴も景色も出てこない。出てくるのは、覚えのないものしかない。しかもあれだけ地面にあった落ち葉すら見当たらない。

自分がさっきまでいた場所と、全く違う所のように思えた。

（嘘だろ……嘘だろ……）

焦りが生まれる。声は止まない。

〈そこにあるから〉〈連れて行って〉

正体不明の声を掻き消そうと大声を出しながら上るが、音量は余計に強まっていく。

否。まるで頭蓋の中で響いているが如く、明瞭さを増していく。

どれくらい必死に逃げただろうか。

パッと視界が開けた。

そこには初老の男女が居て、思わず叫び声を上げてしまった。当然、向こうもこちらに驚いた目を向けている。

トレッキングコースに戻れたようだ。

いつの間にか、あの声も聞こえなくなっている。

「……どうしたんだ？」

ほっと安堵していると、男の方が詰問調で声を掛けてきた。

今、その下で、湯気が。声が。落ち葉がなくて。知らない道で……口から出て来るのは支離滅裂な言葉だけだ。

「いいから、それを仕舞え」

仕舞え？　何を？　男が指を指す先に視線を下ろす。

わあ、と声を出してしまった。

いつの間にか、自分の右手に鈍く光るナイフが握られていた。

大人の握り拳の幅程度の刃渡りを持つ、アウトドアナイフだった。

(俺のじゃない)

こんなもの、見た覚えも、買った覚えも、持っていた覚えもない。

咄嗟に、ナイフを下の方へ投げ捨てた。

「おいッ！　キミは何を……」

男が身構えるのが分かった。これ以上、何を言っても通じない気がする。

熊脇さんはその場から走り去った。

駐車場へ辿り着き、レンタカーの助手席へザックを放り込む。

運転席に着くと、後ろも見ずにエンジンを掛け、逃げるようにその場を後にした。

市街地に戻ってきた辺りで、漸く気持ちが落ち着きを取り戻す。

(ヤバいんじゃないか？　あの初老の男女に通報でもされているんじゃないか？)

まず頭に浮かんだのはこのことだった。

次に、あのおかしな出来事を思い出す。

姿なき男女の声。そして、ナイフ。

(何故、あんなものを右手に。……あ)

カメラはどうしたのか。あのとき、カメラを持ったまま逃げた。それは確かだ。空いた手を使ってよじ登った場所もある。しかしそれは何処までだったか。

無意識の内に何処かで落としたとしか思えない。

探しに戻るか。いや、もう行きたくない。

通報されている可能性もだが、再びあの正体不明の声を聞くのも厭だ。

(待て。待て。まずは何かを飲んで落ち着いてからだ)

近くに見えたコンビニの駐車場へ入る。

財布とスマートフォンを取ろうと、ザックを開ける。

「あ」

カメラが入っていた。

確かにあの場所で取り出したはずなのに、いつの間に戻ったのだろう。いや。そんな覚えは微塵もない。そんな余裕はなかったのだから。

念のため、カメラを起動させてみた。

電源は入る。撮影データも残っていた。

しかし、写した覚えのない草むらの風景が一枚と、短い動画が最後に記録されている。

草むらは何の変哲もないものだ。

動画は動画でずっと手ぶれしており、何を撮影したのか判別がつかない。

強いて言えば、手に持ったままレンズを地面に向けていれば、このような状態になるかも知れない。

音量を上げてみると、自分の息遣いらしきものが入っていた。それには木霊するようにきついエコーが掛かっている。

草むらと動画の撮影データを確かめた。

日付と時間は、今日訪れたトレッキングコースを歩き始めた頃だ。

（トレッキングコースで、カメラを取り出したのは、湯が沸き出していたあそこだけだったはずだ）

訳が分からない。急に背中が寒くなった。

画像データを消し、カメラをザックへ戻した。

翌年の十一月、熊脇さんは大分県を再訪した。

再確認のため、あのトレッキングコースを歩く目的だ。

通報はされなかったようだし、他におかしなこともなかった。

しかし、再び自らの目で確かめない限り、どうにも落ち着かない。

だから、やって来た。

早朝からゆっくりとコースを歩いたが、あの湯気を発見出来ない。

何度かコースを外れてみたものの、それらしい場所も見当たらなかった。

それでも彼は今も定年退職したら大分県に住みたい、と思っている。

あの日の出来事はなかったこととして――。

さるお方

大分県と熊本県、宮崎県に跨がる祖母山。

その祖母山の大分県側の某所で、辛島さんのお祖父さんはひとりで暮らしていた。

今から約五十年前辺り、昭和の時代だ。

お祖父さんがまだ二十歳そこそこ、両親と死に別れた頃の話である。

家は今では考えられないような粗末さで、掘っ立て小屋と称した方が相応しい。少し強い風が吹くと今にも倒れそうなほど揺れる。元より強風が起こりやすい地域故、季節によっては安心して眠れない事もあったという。

当時、両親の葬式代や借金で住む場所がなくなり、やっと見つけたのがこの家だ。暮らしも楽ではなく、言いようのない不安に苛まれる毎日だった。


ある、冬の早朝だった。

連日の冷え込みと風のせいでよく眠れないままお祖父さんは起きた。

まだ日は昇っていない。殆ど真っ暗だ。

(今日もまた仕事か)

寒さと寝不足で、重い身体を奮い立たせる気力もない。

ぐったりしている最中、戸が叩かれた。

薄い木戸の向こうから声を掛けられる。

「……起きちょんかえ？」

上品な中年女性の声だった。知り合いのものではない。

「はい。置きちょんが。どなたか？」

答えながら戸を開ければ、そこにいたのは四十代ほどの女性だった。

目も鼻も口も小さめな造作だったが、整っていると言っても過言ではない。

仕立ての良さそうな薄紫のコートを身に纏っている。

ぴしっと纏められたひっつめ髪だが、頭頂部に近いところが一房白髪になっていた。

（こげん人がなして我が家へやっち来たんやろか？）

用事を訊こうと口を開き掛けたとき、遮るように女性が言葉を発した。

「これから〈さるお方〉がやっち来る」

さるお方？　ということは誰か偉い人だろうか。しかしこんな荒ら屋にどうして来なくてはいけないのか。一瞬のうちに様々な思考が湧き起こる。

女性は更に続けた。

「やけん、今日は一日、家ぢ待っちょっごっ」

一日、家で待て。女性の口調は命令そのものだった。

「俺も働かな食えん。やけん、一日でも仕事は休めん」

女性は首を振った。いいから、家で〈さるお方〉を待てと命じ、コートの内側から紙幣を取り出し、お祖父さんに握らせた。

「今日は一日、家ぢ、待っちょっごっ。ひとときも家から出らんごつ」

女性は念を押し、街の方へ歩いて行く。

その背中を見送りながら、ふと気がついた。

すでに太陽は昇り、辺りは明るくなっていることに。

（……まだ暗かったに、なんで、あんしン姿がはっきり見えたんか？）

思わず手の中にあった紙幣を確かめた。

そこには、自分が半月ほど働いて得るだけの金額があった。

もう一度、女性の方へ視線を戻したが、すでにその姿は何処にもなかった。

金を貰ってしまったからと、約束通り自宅で〈さるお方〉を待つことにした。

仕事先へ連絡は出来ない。当時は電話もなかったし、職場へ直接連絡に行くには時間が掛かる。それに、あの女性は「ひとときも家から出らんごつ」と言っていた。

仕事は無断欠勤になるが、腹を括る。

（俺が来ないとなれば、誰か呼びに来るやろう。そんとき、言い訳すればよか）

しかし、誰ひとり姿を見せなかった。仕事関係の人間も、〈さるお方〉も。

結局、朝の女性以外、誰も姿を見せなかった。

翌日、雇い主の所へ行くとけんもほろろだ。そして「馘」と告げられた。

仕事がなくなると収入が途絶える。必死に縋り付くが答えは変わらない。

「昨日、お前ん家に使いをやったが、何処にもおらんかったって聞いたぞ？　どこぢ遊んじょったか？」

家に居た。一歩も外には出ていないと正直に答えたが、信じて貰えない。

聞く耳を持たれぬまま、職を失った。

残ったのは、昨日女性から貰った紙幣だけだった。

仕方なくお祖父さんは家を引き払い、大分市の方へ出た。

元手として、女性から貰った紙幣の一部を使わせて貰ったのだ。

時は高度経済成長期。特に大分市は著しい発展を始める最中であった。

たまたま就職した先の会社で頭角を現したお祖父さんは、見る間に出世していった。現場叩き上げとは言え、上からの評価が高かったお陰である。

所帯も持ち、子供も数名もうけ、幸せな人生を歩むことになったお祖父さんは、こんな言葉を家族によく漏らした。

「最悪な出来事じゃち思っていても、後にそれが幸福を運ぶこともある」

お祖父さんは晩年、辛島さんたち孫の一部に紙幣を譲ってくれた。

とても古いもので、見たことがないデザインのものだった。

「こりゃ、あん日貰うたお金ちゃ。大事にとっちょって欲しい」

いつ、あの女性が〈さるお方〉を連れてくるか分からないから、そのときにお礼を言って返して欲しい。そして自分が残した財産から幾ばくかの礼金も包んで欲しいと頼まれた。

それから半年経たないうちに、お祖父さんは穏やかな表情で亡くなった。

辛島さんは、今も女性と〈さるお方〉を待っている。

お祖父さんの言っていることを信じ切っているわけではない。そもそも、当時四十代の女性が生きているかどうかすら怪しいのだから。

しかし、約束は約束なのだ。例の紙幣は大切にとってある。

ただ――ある年の一月三日、お祖父さんのお墓を親族一同で参ったときだ。

駐車場に高級車が止まっており、後部座席に上品な婦人が座っていた。

服は分からなかったが、ひっつめ髪で、頭頂部近くに一房の白髪が見える。

あっと思ったときには遅く、車は走り去ってしまった。

まさか、と考えながらお祖父さんのお墓の前に行くと、沢山の花と線香、焼酎がお供えしてあった。

そこではっと気がついた。

（あの車のナンバーは？）

そこから身元が判明するかも知れない。

しかし、誰もが〈横浜ナンバー〉だったことだけしか覚えておらず、肝心の数字をひとりとして思い出せなかった。

平成三十一年。平成最後のお正月のことであった。

決まりごと

大分県内の話である。

ただし、プライバシー保護のため、詳細は秘す。


安心院《あじむ》さんという人物が居る。

彼女は現在四十歳。大分県内で暮らしていた。

家には両親がおり、三人家族だ。

他、近隣に数軒、親族の家がある。

よく行き来があるので、仲は良い方だという。


この安心院家と親族には、持ち回りで〈ある事〉が課せられていた。

それは〈三年に一度、福岡県八女市から大分県臼杵市の間に存在する、ある場所・数ヶ所を、決められた人がひとりで参ること〉である。

この東西の道のりを車で走るだけなら一日で終わる。

だが、途中で決まった場所でお参り、となると時間が掛かる。

その上、場所はお寺や神社ではない。

山の麓にある林、田畑の脇、時には知らない人間が住む家の傍で、何処にせよ車がないと辿り着けないような不便な所ばかりである。

それぞれ目印があるらしいのだが、安心院家と親族にしか分からないものが多い。

だから、他人からすれば「何故あの人は一体あんな所で何を拝んでいるのだ」と訝しげな目を向けるだろう、とは安心院さんの弁である。

では、三年に一度、八女市から臼杵市まで巡るのは誰なのか。

それは〈安心院家と親族であり、成人した人間なら誰でも良い〉らしい。

元々は数えの十五歳以上としていたようだが、現在は車の免許を取得できる十八歳以上の人間となった。

また、三年ごとと決まっているので「今回は○○の家のなんとかちゃん、次はあそこのなんとかくん」と先に決定しておける。

これにより、遠方に住む人間でも予定を組みやすくなるのだ。

加えて言えば〈出来るだけ初めて参る人間に行かせる。もし該当する者が居なければ、前に参ったことがある人物でもよい〉〈また安心院姓や親族の姓になった人間なら該当するので、嫁に来た女性も役目を果たすことが出来る〉のだ。

だから、安心院さんのお父さんは二度ほど参っているし、お母さんも一度ひとりで行かされたこともあった。

このような面倒なことをいつから続けているのかと言えば、明治時代辺りからだった。

安心院さんがこの〈お参り〉をしたときのことを教えてくれた。

彼女の順番が回ってきたのは、二十一歳のときだ。

自分の車で回ることとなった。

事前にコースと目印、幾つかあるルールの詳細を教えて貰う。

初めて聞くものも多かったので、全てメモをしないと覚えきれなかった。

〈出発は旧暦の正月、元旦〉

〈八女市から始めるので、前日から福岡県入りしておく〉

〈日が昇ってから、日が暮れるまでに参ること〉

〈始めた日の途中、一泊してよい〉

〈しかし、開始から一泊二日で全行程を終えること〉

〈参る時は、必ず西を向き、決まった文言（呪文のような感じ）を唱えること〉

〈唱え終わったら「三つあげます」と言い、締めること〉

〈行程の間、食事は普通に摂って良い。だが酒は呑まぬこと〉

他にも細かい項目があった。

これらのことを守って参るのだ。

正直なところ、面倒くささの方が先に立つ。

しかしそうも言っていられない。安心院家と親族全てのならわしなのだ。

半分嫌々ながら、彼女は八女市に入る。

翌日、最初の場所で目を丸くしてしまった。

目印の通りに探したのだが、一見、本当に何もない茶畑の端だったからだ。

コンパスを取り出して、西に向かい、呪文を唱え、「三つあげます」と口にする。

早朝だから人目がなくて良かったと思いながら。

次は知らない家の近くで、次が山に向かって、だった。

続ける内に、彼女の中で猜疑心が頭を擡げた。

(こんなこと、いちいち真面目にやらなくたって、いいのでは?)

だいたい、ルールだって守らなくとも問題がないような気がする。

だから、翌日、四つ目の場所でわざと東を向いてから始めた。

ところが途端に気分が悪くなる。

立っていられなくなり、吐き気を催した。しゃがみ込むと、誰かに頭を掴まれ、地面に向かって押さえ付けられるような感覚も襲ってくる。

咄嗟に謝罪の言葉が出た。途端に体調は元に戻る。

（ああ、これは本当に守らないといけないのだな）

安心院さんは改めてルールに則り、残りのお参りを続けた。

全部で五ヶ所、全てを終えて帰路につく。

自宅へ戻ると、すぐに塩を頭から振りかけられ、風呂に入れられた。

これで三年に一度のお参りが終わるのだ。


では、何故このようなお参りをしなくてはならないのだろう？

彼女が知るところに寄れば、明治時代の安心院家の人間の行動に端を発する。

それは〈磨崖仏〉に関係していた。

磨崖仏とは自然の岩壁や大きな岩に彫られた仏様である。

だから普通の石仏のように移動させることは出来ない。

実は日本全国の磨崖仏の大半が、大分県にある。

当然、明治時代の安心院家当主も存在を知っていた。

そして、当主は自分が持つ山の岩肌に磨崖仏を彫り始めたらしい。

だが仏師でも僧侶でも何でもない人間である。彫り進めれば彫り進めるほど形は崩れていく。

最終的には、人の背丈くらいのよく分からない代物になったようだ。

それでも当主は喜び、毎日拝んだ。

ところが、この磨崖仏完成から安心院家とその親族に繰り返し不幸が起こった。
働き盛りの男数名が病に倒れ、寝込む。
死産が繰り返される。
更に親族全体に年若くして死ぬ者が増えた。
持っていた田畑は作物がまともに成長しない。
流石にこれは手製の磨崖仏に何かあると親族一同気づいたものの、どうしようもない。
当主は当主で「自分が彫った磨崖仏に問題はない」と認めなかった。
が、あるとき、遠いところから来た修験者へ相談する機会に恵まれた。
「ああ、これは当主が作った、紛い物の磨崖仏のせいだ」
彫られたのは仏でも何でもないこと。
そして、邪念を持って拝んだがために、障りのある存在になったこと。
「障りを逃れるには、今から教える五つの場所で、教えたとおりに拝みなさい」
修験者の指示で、今で言う八女市から臼杵市の間の五ケ所を参ることになった。
決まり事は前述の通りである。
ところが、当主は一切修験者の言うことを信じなかった。
自分が彫った磨崖仏を馬鹿にされたと、逆に怒りを露わにしたくらいである。
しかし、その当主が急死した。

自ら作った磨崖仏を拝んでいる最中に起こった土砂崩れに巻き込まれたためだった。

掘り出すと頭蓋が砕かれた状態で、直視できない姿であった。

その周辺には当主が彫った磨崖仏の欠片が転がっていたが、何故か頭部だけがそのままの形を保っていたという。

因みにこの頭部は大正時代まで崖下に放置されていた。

それ以降の行方は不明である。


当主の死後、安心院家は修験者の言うとおり〈お参り〉を始めた。

自家用車もない当時、大変な苦労があったようだ。

そのお陰か、障りそのものは収まった。

――が、安心院さんは障りが全くないと思っていない。

何故なら、安心院家と親族は、高齢まで生きる人間が少ないからだ。

昭和から平成で言えば、六十代後半で亡くなっている者が多い。

この平均寿命が伸びた現代なのに、だ。

それでも、安心院家とその親族は〈お参り〉を続ける。令和になった今も。

もし止めてしまったら、どうなるのか。いつまで続ければいいのか。

それは彼女にも、誰にも分からない。

九州四県未確認話

未確認と言えば、未確認飛行物体や未確認生物などを思い浮かべるだろうか。
九州四県でもいろいろと不思議なものに遭遇したという体験談を聞く。
ここでは、その貴重な話を集めてみた。

◆

ある人物が、彼女と大分県で遊んできた帰りだった。
その日は中津市から宇佐市、そして別府市を車で経由するルートを選んでいたという。
温泉で有名な別府市に着いた頃にはすでに午後十時を過ぎていた。
予定を読み間違えたのだ。
仕方なく国道十号線に出て、別府湾に沿った形で大分市内を目指した。
すでに車通りもまばらだ。
途中、〈うみたまご〉という水族館が左手に現れる。
あーあ、ここも行きたかったけんが、と彼女が助手席でぼやいた。
今度また来ようと宥めながら通り過ぎる。
文句を言っていた彼女が、突然大きな声を上げた。
路上に何かあるのかと軽くブレーキを掛け減速する。

だが何も見当たらない。

何がどうしたのか訊ねると、彼女は左側の窓を指さして、こう言った。

「あれ、何やと思う……？」

別府湾の上に、丸い何かが浮いている。

大きさが分からないから、どれくらいの距離や高度にあるのか判断が付かない。が、そこまで遠くもなく、高くもないように感じる。

色は暗い朱色で、燃え尽きる前の線香花火に似ていた。

穏やかな海に、その光が眩しく反射していて、その物体が海面から確実に浮き上がっていることが分かった。が――。

（え？　どうして？　上にあるのはあんな暗い色なのに）

海面にある光の跳ね返りは白っぽい金色をしていた。

彼女も興奮気味に何かを捲し立てている。

あれは決して漁船の灯りや灯台などではない。

自分たちが見ているものが、尋常のものではないとすぐ理解できた。

スマートフォンで写真を撮るんだ！　と叫んだとき、その物体はすーっと沖の方へ移動を始め、カメラアプリが起動し終える前に消え失せてしまった。

一時停車して、あれは何だったのかと車内で興奮気味に議論しあったが、もちろん答えなど分かるはずもない。

仕方なく大分市内のホテルへ戻った。

その夜、二人揃って熱を出した。

翌朝には完全に平熱に戻っていたが、どうしてなのどちらも顔の左側が酷くむくんでいる。

正面から見ると輪郭が歪んで見えるほどだ。

大分県から出ると、元に戻ったという。

◆

ある人物が熊本県阿蘇市方面から、宮崎県高千穂町へ移動していたときだった。

早朝から高千穂町で仕事だったので、まだ暗い道を車で走る。

冷えているな、と彼は思った。が、まだ道の凍結はなさそうだ。

車載の時計は午前五時過ぎ。

この分なら六時には必ず目的地に着くだろうと予想が出来た。

が、ふと後ろが気になった。

ルームミラーを見ると、光るものが後ろにぴったりと煽るようにくっついている。

バイクのライトそっくりだ。

(普通なら、後続車にすぐ気づくはずだが)

まるで車の真後ろに突然現れたような感覚があった。

考えてみれば、相手のエンジン音も何も聞こえない。

ミラーに目を凝らすが、車体もバイカーの姿も確認できなかった。

これくらい張り付かれれば、テールランプの光である程度は見えるはずだ。

一体これは何だと、アクセルを踏み込む。

振り切れない。

限界近い速度で繰り返しカーブをクリアしていくが、それでも光は離れない。

ミラー越しに後ろへ注意が向いているとき、突然、前方左側から飛び出して来た何かが視界に入った。

驚き、急ブレーキを踏む。

だが、強い衝撃が車体に伝わった。

(やっちまった……!)

あの一瞬で、それが何か理解できていた。

人だった。

それも、若い服装の女性だ。白っぽいカーディガンのようなものを身に着けていた。

流石に顔までは見えてないので、どのような人なのかは分からない。
こうしていても仕方がない。外へ出る。
だが、誰も居ない。
点けっぱなしのヘッドライトに照らされた辺りを見回す。
人を撥ねた痕跡すら残っていない。道路にも、車体にも。
(まさか、下か後方に倒れているのか)
乗り上げた感触はなかった。しかし、ないと言い切れない。
這いつくばるように道路に伏せて、車体の下を確かめる。何もない。
立ち上がり、後方を――。
「あ」
あの正体不明の光のことを思い出した。
何かにぶつかったことで今の今まで頭から飛んでいた。
あれもどうなったのか。
改めてぐるりと周囲を調べたが、光も、撥ねたものも、何もなかった。
ふと知人が話していた〈よくある怪談〉を思い出す。
夜道、人を跳ねたと思ったら、何も居なかった、という奴だ。
(それと似たことが起きたのか)

首を捻りながら、少しだけ車を動かして、もう一度調べた。

やはり、何もなかった。


その日は、そのまま高千穂町に移動して仕事をしたが、やはり落ち着かない。

もしかしたら、本当に人を、と常に考えてしまったからだ。

車にダメージがないからそれはないと断言したいが、やはり気になる。

以降、ニュースや新聞で〈轢き逃げ〉や〈放置遺体〉などを注意してチェックしていたが、一年ほどは何も該当しそうなものは目にしなかった。

ホッとしたものの、あの時見た光と飛び出してきたものの正体が分からないままなので、今ももやもやしたままである、という。


他に何か気になることがなかったかと聞くと、彼は特にないと答えた。

しかし、途中でふと何かを思い出した顔を浮かべる。

当日、高千穂町の仕事先で、少しだけ意味不明なことがあったらしい。

昼食を外で終え、現場事務所へ行くと事務員さんが丁度電話を切ったところだった。

「あ、丁度今、電話来てたが！」

メモを渡される。

知らない名字があった。電話番号はない。

「女の人やったけど。番号は知っているはずだから掛け直してって、言ってたが」

社名は名乗らず、彼のフルネームで取り次ぎを頼んできたので、プライベートな相手だと思ったようだ。

が、知り合いに現場の番号は教えていない。それに電話をして欲しい、してよいという話すら誰ともしていない。

そもそも、この現場へ来ているのを知っているのは自分の会社の人間くらいだ。

彼女や友達も知らない。

相手が気になるが、すでに現場へ入る時間だ。そのままメモをポケットに仕舞った。

夕方に仕事を終えた後、メモの名字をもう一度見た。

やはり知らない名前だ。

何となく、朝方の出来事絡みかと不安になった。

事務所の電話からリダイヤルさせて欲しかったが、流石にずうずうしいと諦める。

自分の会社へ戻ってから、念のため訊いてみた。

日中、自分宛に電話がなかったか。そして、出先の連絡先を教えてなかったか、と。

全員が知らない、と答えた。

以降、同じような電話は二度と掛かってこなかった。

理由を付けようと思えば付けられますけれど、何となくタイミング的に気になりましたねと、彼は顔を曇らせた。

◆

ある人物が宮崎県宮崎市田野町を自転車で走っていた。

ロードバイクでのサイクリングだ。

その日は仲間たちと都合が付かず、単独行である。

ペース配分など自由気ままなので、いつもよりゆったり目のペースだ。

雲ひとつない快晴で、風もさほど強くないから走りやすい。

季節は寒風吹きすさぶ頃で、田野には〈大根やぐら〉が数多く見られる。

大根やぐらとは、漬け物用の大根を掛けて干す櫓《やぐら》のことを言う。

サイズは、高さがだいたい大人縦三人分以上。横方向の長さはまちまちだが、少なくとも手を広げた大人が三十人を越えるくらいは必要な大きさだ。中にはその三倍も長い櫓があって、大根が干されるととても壮観な眺めになる。

何故田野で大根やぐらが組まれるのか。

それは、寒い季節が来ると田野の近くに聳える〈鰐塚山〉から乾燥した〈わにつかおろし〉が吹き下ろして来るからだ。これが大根を櫓で干すのに最適なのである。

(わにつかおろしか)

彼は鰐塚山の方角へ目を向けた。

「……あれ？　なんだ？」

鰐塚山頂上の向かって右手側、山体から随分離れた所に何かがあった。

停車し、じっと目を凝らす。

青い空に、お菓子に付いている大きめのアラザンのようなものが浮いていた。

銀色だが陽光を鈍く反射している。もしかしたら半光沢なのだろうか。

ただし、比較対象が鰐塚山しかないせいで、大きさの区別が付かない。

大きいかも知れないし、小さいかも知れなかった。

(縁日で買える銀色の風船か、気象観測で上空へ飛ばすゴム風船か？)

違う。質感や形状から言えば、どちらにも当てはまらない。

銀色の物体は鰐塚山方向へ移動している。

かなり速い速度だ。良く目にする航空機より速い気がする。

途中、急激な角度で高度を上げたり、逆に下げたりを行っている。見ようによってはジグザグとした軌道を描いていた。

飛翔体が鰐塚山頂上へ到達する。と同時に山の裏側へ向けてどんどん小さくなっていき、あっという間に消えた。

その日以来、彼は空に銀色をした丸い飛翔体を目撃することが増えた。

車移動やサイクリングの合間の昼間で、数ヶ月に一度の割合である。どうしたことなのか、いつも自分ひとりの時にだけ姿を現した。

飛翔体は毎回おかしな動きの後、飛び去っていく。

カメラやスマートフォンで撮影しようにも車も自転車も運転中であり、停車後レンズを向けるまでに姿を消してしまう。だから、その姿を収めることが出来なかった。

この謎の飛翔体を見た日の夜は決まって背骨の痛みで目が覚める。

寝違えやこむら返りとは違う、鈍痛である。

寝床から出ようとすれば激痛に変化して、身体を起こせない。

そして痛みがある間、ずっと耳鳴りが響く。

甲高い金属音と、うねるような低音が融合したようなものだ。

時々モールス信号のように途切れ途切れに聞こえる。

痛みが去ると耳鳴りも消え、あとは安眠することが出来た。

飛翔体と痛み・耳鳴りの因果関係は未だハッキリしない。

彼はある日、ふと思いついた。

飛翔体を見た場所をマッピングしてみよう、と。

何かが分かるかも知れないと考えたからだ。

プリントアウトした宮崎県の地図上に目撃地点と、どの方角へ向けて見えたのか、矢印などで示す。
五、六個記した時点で、分かった。
鰐塚山が中心にある。

(何故、鰐塚山なのか)

気になって、数名の友人たちへ話をしてみた。

「あ、俺も鰐塚山近くの空で何か変なもの、見たことあっが」

「私、夜に光るものが鰐塚山の上にあったの、見た！　あそこは何かあっちゃが」

意外と目撃している人間が居ることに驚いた。

しかし、どうして鰐塚山の周辺に出るのか、明確な回答を得ることが出来なかった。

ただ、こんな情報がある。

田野には古代の遺跡が存在する。

鰐塚山などの山々に囲まれた遺跡は、祭祀の場として使われていた痕跡があった。
〈全体的な構造から、天に向かって祈りを捧げていたのではないか〉
ある人がこんなことを言っていた。
古代の人々は、天の何に対し、祈っていたのだろうか。
また、あの飛翔体との関連はあるのだろうか。
調査を継続する必要があるだろう。

◆

ある人の職場は鹿児島県霧島市牧園町にある。
温泉の名所・霧島温泉郷の近くだ。
自宅は曽於市財部町で、少しだけ距離が離れていた。
だから、通勤には山の合間を抜けるショートカットのコースをいつも使っている。
だいたい、好きなバンドのアルバムを一枚聴き終わらないくらいの通勤時間か。
朝はまだしも、夜になると殆ど車通りも途絶えて寂しい道だという。
その夜も、彼は自宅へ向けてハンドルを握っていた。

右手側は下りの斜面になっており、ガードレールがある。左手側は山だ。

秋が深まってきた所なので寒いには寒いが、まだ雪や凍結の心配は要らない。

何度目かのカーブを抜けた後、道路の向こうに意表を突くものを見つけた。

山側に引かれた白線の上を歩く、女性の姿だ。

ライトブラウンのジャケットにふんわりした白いミニスカート、歩きづらそうな踵のある黒い靴。髪型は詳しくないのでこれ、とは言えないが大体セミロングの茶髪だろうか。

どちらにせよ、こんな所をこんな時間に歩いていい姿ではない。

(……これって、もしかしたら、よくある話け?)

人が居ない夜道、女性と来れば、決まった想像が浮かぶ。

(だとしたら、面白いが)

彼はあまりこの手のものを怖れないタイプだった。

これまで幾度か怪しいものを目撃したことはあるが、全てが勘違いか見間違え、或いは何らかの理由がある物理現象だったたからだ。

確かめてやれ、と速度を落としゆっくりと近づいていく。

姿は消えない。細かい部分まで確認できる。

やはり女性だ。手にハンドバッグを持っているのも分かる。

女性が振り返った。

普通の顔で、若い。

ただし、泣いたのか目の周りのメイクが少し崩れている。

女性を少しだけ追い越して、車を止めた。

窓を開け、どうしたのか訊ねると、彼女は身構えたまま途切れ途切れに答える。

彼氏とドライブデートをし、帰る道すがらで大喧嘩となった。

怒り心頭の彼が降りろ！　と怒鳴ってきたので、売り言葉に買い言葉とばかりに車から飛び出すと、そのまま走り去ってしまった、らしい。

その後、何度も彼氏に電話を掛けたりメールを送ったりしたが梨の礫《つぶて》であり、仕方なく歩いていたのだという。

改めて顔を見れば、少し目立つ黒子《ほくろ》が口元と眉尻にあった。何となく男性に好かれそうなタイプに思える。

女性の自宅を訊くと、自分の住む町の近くだった。

財部町からならそこまで距離がない。だから送っていこうと提案してみる。

最初こそ彼女はこちらを疑うような目で見ていたが、背に腹は代えられないのだろう。車に乗ってきた。

車中ではずっと彼氏への文句が止まらない。

適当に相槌を打っていると、前方にまた人の後ろ姿が浮かび上がった。

それは白線上で立ち止まっているようだ。

黄緑色のダウンジャケット姿で、ボトムは黒っぽいジーンズ。

体つきから痩身の男性ではないかと思われる。

しかし、どうしたわけか頭が見えない。

暗がりに同化しているわけでもないから、首を前に倒しているのだろうか。

(今日は似たようなことが続くが)

もし何かトラブルなら助ける。そうではない場合は、見極めなくてはならない。

アクセルと緩めると、女性が声を上げた。

「通り過ぎて。スピード出して」

どうしてなのか聞き返すと指を指す。

「だって靴が」

なかった。いや、靴がある辺りにそれらしきものは見えず、代わりに輪郭がボンヤリとした何かがある。色合いは白っぽい肌色、だろうか。

言うとおり、速度を上げた。

すれ違う瞬間、頭部の有無を確認しようとしたが、ダウンジャケットの人物は消えた。

女性が騒ぎ出す。

しかし、彼は興奮していた。

ここまで明瞭な姿をしたものを初めて見たからだ。
引き返してみたかったが、隣の女性が何を言い出すか分からない。
(どうせ明日も通るから、そんときまた調べればよかか)
諦めてそのまま進んだ――のだが、また何かが路上に姿を現した。
さっきと同じ、黄緑色のダウンジャケットとジーンズ姿の人物だ。
やはり頭と靴が見えない。
ちらと隣の女性の顔を盗み見ると、無言のまま、目を見開いている。
彼女にもまた見えているのだ。
通り過ぎる。やはり消えた。
女性が完全に黙りこくってしまった。
話しかけても上の空というのか。心ここにあらずだ。
山道が終わるまでの間、もう一度だけ黄緑のダウンジャケットが現れた。
三度目になると、彼女は目を伏せて見ないようにしている。
何となく、相手に心当たりがありそうな雰囲気を感じるのは何故だろうか。
末吉町に入るまで車内での会話がなかった。
何処で降ろせば良いか改めて訊く。我に返ったのか、漸く口を開いた。
何度か案内され、辿り着いたのは住宅街の一角だった。

止めたのは真新しい二階建ての家の前である。

若い夫婦が好むような拘りのあるデザインで、どことなく特徴的だった。

お礼を言いながら女性は財布を取り出したが、断った。

何度も頭を下げるので、早く入りなさいと促す。

玄関の中に入る前、ドアが開きかけた。女性が手で早く行けとジェスチャーする。訝しげに思いながら車を出した。

自宅に帰ってからも興奮さめやらぬ状態で、朝まで眠れなかった。

以降、期待しながらずっと同じ道で出社と退社を繰り返したが、二度とおかしなものには出会うことなく過ぎていく。

何となく、あの女性に関係があるのではないかと想像した。

送って行ったの家の前へ行ってみることを決めた。

少し迷ったが、すぐ辿り着ける。

表札を確認すると、ローマ字表記で名字があった。多分、漢字表記だと三文字になるものだろう。

グルリと周囲を回ってから、大通りに出た。

そこで、あの女性の姿を見つけた。

口元と眉尻の黒子がある。

隣にはベビーバギーを押す、若い男性の姿があった。

二人は仲睦まじい様子で歩いている。どう見ても夫婦のような雰囲気だ。

女性はこちらに気づいていない。

(彼氏とドライブデートの途中で、って言っていたはずやが)

ああ、そうか、と何となく、全てが理解できたような気がした。


以降、時々女性の家の近くを通るようにした。

ただの野次馬根性でもあるし、もし相手が自分に気づいたらどう対応するか見たかったからだ。他人に言えば趣味が悪い行動だと誹《そし》られるだろうが、興味の方が勝った。

ところが夏が来る前、全くの別件で女性宅がある町を通ったときだ。

葬儀会場の案内看板を見かけた。

名字は三文字で、下の名前は若い女性によくありそうなものだった。

ピンと来た。

ハンドルを切って、あの女性の家を目指す。

駐車スペースや周りの空き地に車が多く止められている。それだけではなく、いつもと違う空気に包まれていた。

(あの人、亡くなったんけ?)

そう考えるのが妥当だろう。

それから三ヶ月経たないうちに女性宅はもぬけの空となった。


他には何もなかったのだろうか？　と彼に訊ねてみる。

苦笑いを浮かべて、実は、と教えてくれた。

あの葬儀会場案内の看板を見た前日、いつも通勤路にしているあの山道で、おかしなものを目撃していた。

暗い青の発光体を追いかける、薄い橙色の発光体だ。

橙色の方は大体バスケットボール大で少し歪。青い方は一回り以上小さく丸い。どちらとも短めの尾を引いていた。

二つは車の進行方向を横切るように、左から右へすーっと流れるように飛ぶ。

あっという間に橙色が青色に追いつき、飲み込んでしまった。

その後、下の方へ急降下し、姿を消した。

車を止めて、発光体が消えたところを確かめる。

ガードレールの下の斜面にはすでに何もなく、ただ暗がりが広がっているだけだった。

何の意味があるか分からないけど、なんとなくね、と、彼は再び苦笑いを浮かべた。

熊本県

海ば、見たね？

熊本県は有明海、八代海、天草灘などに面している。
有明海には干潟があり、ムツゴロウが生息。有明海苔も有名だ。
八代海には海浜公園や、かの不知火《しらぬい》現象も起こる。
天草灘は数々の島や奇岩があり、目を楽しませる。
熊本県の海は、観光資源や豊かな海産物に恵まれていると言えよう。
夏になると海水浴客で賑わう場所も多い。

熊本市に住む伊津野《いづの》君が十五歳になった頃だ。
季節は夏。夜、珍しくそこまで暑くない日があった。
エアコンは使わずに扇風機を掛け、自分の部屋で眠る。
が、ふと目が覚めた。
扇風機が止まっている。タイマーが切れたのだろう。
どうしてなのか、知らない匂いが漂っている。
言ってみれば、友達や親戚の家の慣れていない匂い、だろうか。

原因を考える前、喉に渇きを覚えた。

何か飲もうとベッドから起き上がる。そのとき、扇風機の前にある大きな影が目に入った。

一瞬で身が固くなる。

すぐさま入り口ドア近くのスイッチを点けた。

そこには老婆が立っていた。

自分の背丈より低く、小太りだ。

ハワイの人が着ているゆったりとしたドレス、ムームーのような花柄の赤い服を身につけている。だから、二の腕は剥き出しだが、下半身は足首まで隠れていた。

灰色で短めの髪。そして人の良さそうな顔だ。

彼女は微動だにせず、もぬけの空になったベッドを見詰めている。

ただ、この人物に伊津野君は見覚えがあった。

(祖母ちゃん……？)

母方のお祖母さんである。

ただし、彼が生まれる寸前に亡くなっており、ホームビデオと写真でしか見たことがない人物であった。

叫びだしそうになる彼を遮るように、お祖母さんがこちらを向き、口を開いた。

〈海ば、見たね？〉

訊ねるような口調だが、そこに感情はあまり感じない。

自分が置かれた状況に彼が下した判断は、逃げるということだった。

しかし、足も手も動かない。言うことを聞いてくれない。

声を出そうにも喉がおかしい。掠れた呼吸音しか出ない。

〈海ば、見たね？〉

また祖母が訪ねる。海を見たか？　と。

見たことはある。映像や写真でも、直に熊本の海も。でも何故こんなことを訊くのか、などと考える余裕はない。

兎に角、必死に頷いた。首だけが動かせた。

〈そうなんね〉

お婆さんはさも残念そうな表情に変わり、言葉を続けた。

〈海ば見とるんやったら、もう、あっちへ連れて行けんばい〉

お祖母さんは、すべるようにカーテンの方へ歩いて行くと、そのままふつりと消えた。

手足が自由になり、その場にへたり込む。

気がつくと、いつの間にか扇風機が動き始めていた。

ああ、そうだった。タイマーなんて掛けていなかったのだと思い出す。

そこで改めて今し方の出来事に震え始めた。

両親の寝室へ飛び込み、自分が見たものを訴えた。

「……夢やろう。男なんやけん、こぎゃんこつでいちいち親ば起こすな。部屋ば戻れ」

心配する母親を尻目に、父親は冷たく言い放った。

これ以上は無理だと、大人しく部屋へ戻る。

しかし眠れるはずもなく、一睡もせずに朝を迎えた。


翌朝、母親がそっと教えてくれたことがある。

「お祖母ちゃん、初孫のあなたが生まるるんば、楽しみしとったけん。だから、よう、こぎゃんこつば言うとったんばい。〈孫ば抱くまで、死んだっち死にきれん〉って」

母方のお祖母ちゃんは、当時自分が病気で余命幾ばくもないことを知っていたのだ。

しかし疑問は解けない。伊津野君は母親に訊いた。

「でも、どうして祖母ちゃんは〈海ば、見たか？〉〈見とるんやったら、あっちへ連れて行けない〉と言ったの？　理由が分からない」

「お祖母ちゃん、海側に住んどったけん。あなたに自分が見ていた海ば見せたかったんやないと？」

でも、それでも〈海ば見とるんやったら、もう、あっちへ連れて行けんばい〉という言葉には納得がいかない。言い回しが気になるのだ。

母親がぽつりと漏らした。

「やっぱり、あなたを、あン世に連れて行こうとしたんやて思う。もう、あれからこれだけ時間が経ったのに」

やっぱり？　あれから？　これだけ時間が経った？

疑問をぶつけると、母親は誤魔化そうとする。

が、それが無駄だと分かると、白状した。

「あなたが生まれてからすぐ、お祖母ちゃんが化けて出てきたけん。そして〈いつか孫ばあっちへ連れて行く。寂しいけん〉と言うたとよ。でも、それが夢か本当か分からんかったけん、そこまで深刻に捉えとらんやったけれど」

でも、何故〈海を見ていたら、連れて行けない〉のかまでは分からなかった。


伊津野君は現在、大学生となった。

あの日以来、母方のお祖母さんは姿を現していない。

だが、海を見る度、あの姿を思い出す。

〈海ば、見たね？〉というあの声と同時に。

混む道

熊本県内には、季節や時間帯で混む道がある。

地元の人は迂回路を知っているが、それでも回避できない事も多い。

何故なら、一部は脇道のない道路であり、どうしてもそこを通ることになるからだ。


ある夏の日だった。

鵜口《うのくち》史奈さんは天草市方面で仕事を済ませてから、熊本市内方面へ戻ろうとしていた。

天草市から熊本方向だと、使う道路は一本道だ。

夏期は海水浴客が多いせいで混む事を彼女は知っている。

だから、ある程度早めに仕事を片付けたのだが、案の定、渋滞に引っ掛かった。

営業車のハンドルを握りながら、イライラしてしまう。

時計は午後五時を回っていた。この分だと会社へ帰り着くのは遅くなる。そうなれば残業確定である。げんなりしながら、営業車を走らせた。

途中、トイレを借りようとコンビニへ入る。

用を済ませた後、店内を見るとやたら人が多い。レジも混んでいる。

天草市から帰る人たちが立ち寄っているようだ。

水と小さなお菓子を手にレジに並んでいると、後ろから肩を叩かれた。

振り返ると、ひとりの若い女性が微笑んでいる。

丸い童顔で背が低く、少しふくよかな体型だ。

「鵜口史奈、だよね？　私、私。覚えとる？」

高校時代の同級生、ユナだった。

タンクトップにジーンズをカットオフしたホットパンツ姿だ。

ふわりと制汗剤と日焼け止めの混じった香りが漂う。海水浴帰りだろうか。

五年ぶりくらいか、懐かしいねと話している内、彼女が保育園に勤めていると分かる。

子供好きと聞いたことがなかったから、意外だと感じた。

そんなユナから少し距離を置いた場所に、ひとりの男性が立っており、こちらの様子をちらちら窺っている。どうもユナの友達か彼氏のようだ。

その存在を無視して、彼女は話を続ける。

「あ、史奈さァ、職場に帰る途中ってコトだけど、会社は熊本市のどの辺り？」

教えると、ユナがパァッと笑った後、声を潜めた。

「じゃあ、途中まで乗せていって。八代くらいまで。後は彼氏に迎えに来て貰うけん」

では、あの男性は彼氏ではないということになる。気になって理由を訊ねた。

「あ、あれ？　あれは一緒に海水浴に来ただけやけん。でもさァ勘違いをして、やたらホテルに誘ってくるから逃げたいったい。それに、私に彼氏いるって知っとるのに。しつこいけん。助けて」

そういうことなら、と頼みを聞くことにした。

「よかった！　この先、どうしようか、ヤバいって思っとったけん。助かったぁ」

彼女は男性に何事か話した後、再びこちらへやって来た。

男性の視線が怖かったが、努めて見ないようにして買い物を済ませる。そして営業車へ戻り、ユナが荷物を取ってくるのを待った。

ややあって、彼女がこちらの助手席に乗り込んだ。その途端、唸りを上げて4ＷＤカーが駐車場を出て行く。運転手はあの男性のようだった。

コンビニを出て、熊本市方向へ走る。

ユナは彼氏と待ち合わせの件でメールのやり取りを続けていた。

が、一方、鵜口さんは営業車の運転に違和感を覚えていた。

車体が重いのだ。

まるで全部のシートに人が乗っている……いや、それだけではなく、後部に重い荷物をぎっしり積んだような感覚だ。ハンドルが重く、ブレーキも効きづらい。

しかし、乗っているのは二人で、荷物もさほど搭載していない。

車の不調を知ってか知らずか、彼氏との連絡を終えたユナがいろいろ話す。

「あのさァ、私、高校と短大の頃から大変だったけん」

ユナが言うには、高校時代から彼氏が居ない時期がなかった。時には複数の男性と平行して付き合っていたこともあったらしい。

「男が居らんのも厭やけど、居り過ぎるのも大変やけんねぇ」

こう言っては何だが、ユナは決して美人だとか、スタイルが良いとか、そういうタイプではない。それでも男性から引く手あまたであるらしい。

「それで、失敗したけん」

「失敗？」

「子供、何度かオろしたことがあったけんね。お金も手術も大変やった」

相手が分かっているときはいいが、分からないときは関係を持ったそれぞれの男性に個別に相談した、とユナは笑っている。

正直な話、愉快な話題ではない。それでも彼女は話し続けた。

「今、保育園に勤めているけど、小ちゃい子供たち見ると、あのときの私の子も、オろさなければこうなっていたのかなぁって、よく思うけん」

後悔している、という様子はない。ただ、自分が若いママになっていたら、子供も自慢できて幸せだったんだろうなぁということに終始している。

鵜口さんは次第に気分が悪くなってきた。

ユナの話に気のない相槌を打ちつつ、道を急ぐ。

ところが渋滞が解消される頃、ユナが黙りこくった。

助手席にちらと視線を流せば、彼女は目を閉じている。

昼間の疲れか、眠ってしまったようだ。

乗せて貰っておいてなんだと僅かに不満が湧き上がるが、運転に集中する。すでに日が暮れて周囲が暗くなっていたことに加え、未だ車は重く、ハンドリングとブレーキに注意を払わないといけないからだ。

国道三号線、八代市の途中でユナを降ろした。

彼女が連絡先交換を言い出す前に、聞こえないふりをして車を出す。

(あれ？　軽い)

車体は軽く、ハンドルもブレーキも効く。

ユナが居なくなってから車の全てが通常に戻った。

――だが、その後、ユナを乗せた営業車に問題が起こり始めた。

鵜口さんの場合は、車の挙動に異常を感じることが多い。

危うく事故を起こし掛けるくらい、ハンドルを取られることもあった。

他だとどうか？

ある男性営業のパターンだと、不注意で事故を起こしそうになった。

しっかり見ていたはずなのに、横から出てくる車に気づかなかったという。

他の男性営業の場合、車内で男の変な声が聞こえると訴える。

更に女性営業が乗ったときはバックミラーに何かがチラチラ横切るのが見えた。

外部ではなく、車の中で動くものがあるとしか思えない。

振り返ってみるが、何もないのでどうしようもなかった。

この営業は、他にも「クレーム処理で天草の現場に入った。一段落したのが真夜中。それから熊本市内へ帰る途中、車内で若い女性の声と赤ん坊の泣き声を聞いた」らしい。

そして、また別の営業が車を使ったとき、会社の駐車場で壁にぶつかる自損事故を起こした。

ブレーキが効かなかった、とは当人の弁である。

これが元で、問題の営業車は廃車になった。外装より、シャシーが歪んだせいである。

「あの当たり方でここまで歪むのはなかなかない。もしこれくらいシャシーが変形する衝撃があれば、乗っている人間はただじゃ済まないはずだ」とディーラーは首を傾げていた。

鵜口さんはひとり悩んだ。

（一連の出来事はユナのせいかも知れない）

あの日、ユナを乗せてから全てが起こっている。彼女に原因があるとしか思えない。

しかし、誰に話しても信じて貰えない話だろう。

だから、自分の心だけに仕舞ったまま黙ることを決めた。


ユナとの再会から一年後くらいだったか。

高校時代の同窓会が催された。

参加すると、出席率が高い。

しかし、ユナの姿はなかった。

何となく話題に出すと、女性参加者の顔が曇る。

鵜口さんが知らないところで、ユナは数人の同級生に迷惑を掛けていた。

中には恋人をユナに奪われた者も居る。

しかし、あまり声高に責めるような口調になることもなく、逆に話題に出すことが気まずいような空気が流れた。

何故なら、ユナが死んでいたからだ。

幾ら問題がある相手でも、死人に鞭を打つようなことは出来ないと誰しも口ごもる。

ユナが亡くなったのは、一年くらい前だという。

時期的に、鵜口さんと会った直後だとしか思えない。

死因は自殺だ、いや自殺に見せかけた他殺だ、そこには男女間の問題があった——とそれぞれが持ちうる限りの情報を口にするが、どれも確実だというソースはなかった。

ただ、確実なのは、ユナが死んだ事実と、死亡した場所が〈とあるアパートの一室〉であることくらいだ。

そのアパートはユナが住んでいた所ではなく、他人――どうもユナが付き合っていた男性のひとり――が経営していた物件の一室であったと聞く。

そこは現在〈怪奇現象が起こる事故物件〉と噂されている。

ただし、若い女性が出るとか、赤ん坊が云々という話はない。

激怒した若い男性が出てきて、首を絞めて来る、という。

鵜口さんに真実を確かめる気持ちはない。

だから、何処から何処が本当で、何処から何処がただの噂なのかどうかも、知らない。

ただただ、自分はユナともう無関係なのだというスタンスを貫くだけである。

人気のアパート

亀元さんが大学生の頃というから、今から八年ほど前の話だ。

当時、熊本県外からやって来ていた彼はアパート住まいだった。

築十年ほどの三階建てで、住民は学生の他、若い勤め人などが多かった。

部屋も広く、家賃も安めだったから人気も高く、部屋が空くとすぐ入居者が決まる。

ただひとつ問題があるとすれば、入り口ドア側に墓場があることくらいだろうか。

とはいえ、おかしな事は何もなかった。

それに、窓側じゃないのだから、気にしなければいいだけの話だった。


大学を卒業後、彼は地元へ戻ることなく熊本市内で就職をした。

そのままアパートに住み続ける予定だったが、通勤時間やその他デメリットしかなく、仕方なく会社の近くへ引っ越した。

自分が住んでいた部屋に偶然サークルの後輩が入ったと、人づてに聞いたのはいつだっただろうか。

ところが半年経たない頃、その後輩から連絡があった。

『先輩ッ、あの部屋、おかしくないっすか？』

訊けば異様なことが沢山起こっているらしい。

〈夜中、ドアを叩く者が居たのでスコープを覗いたら、顔の半分が腫れ上がった若い男が立っている。知らない相手なので黙っていると、足音を立てて何処かへ去って行った〉

〈また、夜中、アパートへ戻ると、部屋の前にお洒落な格好の若い女性が立っている。知り合いかとよく見れば、全く知らない相手で、その右手に出刃包丁が握られていた。目が合ったら何をされるか分からないので、そのまま立ち去るしかなく、翌日まで部屋へ戻れなかった〉

〈昼間、忘れ物を取りに部屋へ戻ると、ドアの前にスーツの中年男性が居る。ノブに何かしようとしているので近寄って行くと、ハッとした顔を浮かべて走り去っていった。ドアを見ると、ファンシーなシールが貼ってあった〉

〈また別の深夜、バイトから戻るとドアの前に女性が座り込んでいる。中年くらいで、普通の主婦のような外見だ。よく見ると、厚手のタイツとサンダル、ブラジャーしか身に着けていない。こちらに気づくと、無言でドアを指さした。ここはお前の部屋かと訊いているようだ。その通りだが、わざと首を振る。女性は舌打ちをして、大きめのバッグからシャツとスカート、アウターを取り出して身に着けると、立ち去っていった〉

――これらの他にもいろいろあったらしい。

『何だか知らないんスけど、この部屋、こんなにおかしな人間が来るんですか？　先輩が住んでいた頃も多かったですか？』

四年住んでいたが、何もなかった。平和そのものだった。

周辺住民の質も悪くなかったはずだ。

『そうですかぁ。今は、住んでいる住民の層がおかしくなったんですかねぇ……』

納得いかない様子だったが、これ以上議論の余地はない。

どうしても耐えられなくなったら管理会社と警察へ相談しろと助言して電話を切った。


それから更に数ヶ月が過ぎ、再び例の後輩から連絡があった。

『先輩ッ、あの部屋、出ますよね!?』

今度はそんな話かと呆れてしまう。

出ないぞと突き放すと、後輩は泣き言を言い出した。

『出ますよ。おかしな気配がしたり、部屋の中に知らない人が居たり、トイレの中から女の呻き声が聞こえたり……』

そんなものは勘違いだし、心の持ちようだ、そもそもこの世にそんなモノも現象もない。あるのは人間の脳が作り出した幻影に過ぎない、と諭した。

「どうせ玄関ドア側に墓場があるからそんなことを考えてしまうんじゃないの？」

しかし、後輩は引かない。

『違いますよッ！　だって見たのは俺だけじゃないですから』
部屋に連れてきた彼女も目撃したのだと訴える。
出るわけがない、でも出るんです、と押し問答が続き、疲れて来る。
なら、近いうち部屋へ行くからそこで話そうと約束をした。

数日後、休みの前日だった。
夜、自分が住んでいた部屋を訪れる。
こういった形で戻ってくるとは考えもしなかった。
ドアチャイムを鳴らすと、中から足音が響いた。
少し間を置いてから、ドアが開く。
「先輩、いらっしゃい」
誰が来たか分からないから、一度ドアスコープで確認したと彼は真顔で話す。
とりあえず中へ入れろと足を踏み入れると、先ず気がついたのが臭いだった。
洗濯物の生乾き臭に近いが、それとも僅かに違う。
放置した生ゴミ臭も混ざっていたが、後輩は気づいていないようだった。
チラッと横目でチェックをしたが、部屋は片付いている。
ゴミをため込んでいる様子もないから、臭いの出元はないに等しい。

ベッドの横に座ると、テレビが点きっぱなしになっている。

何故か音が消されていた。

曰く、さっきテレビの裏側から女の声が聞こえたので、確かめるため消音した、らしい。

「今は聞こえなくなったんですが……」

こちらが動くとその度に後輩が身構える。

(これは重傷だ)

半ば呆れながら、こういうものは怖い怖いと思うから怖いのだ。正体を見たり枯れススキという言葉もある、と説教をしていると、不意に後輩のスマートフォンが震えた。

メールが来たようだった。後輩が怯えたような表情でこちらを見る。

「いいから、チェックしろよ」

命じると、彼は恐る恐るスマートフォンを手に取り、タップを始めた。

顔が強ばる。こちらへ端末を渡してくる。

見れば受信したメールが展開されており、本文が丸見えになっていた。

「読んでいいのか？」

後輩が頷く。

見れば、日本語としておかしな文体だった。

『部屋に住んで　来キャク　は　ショーばい　のひと
さみしー　さみしー　さみしー　さみしー　ジンセイ
やけん　あきらめた』

最後だけ熊本弁を感じさせる文章だ。

「これが何？」

「送り主のアド見てください」

言われて気がついた。

〈亀元先輩〉――送り主の名は自分だった。

アドレスも調べたが、自分のもので間違いない。送信時刻はついさっきだった。

自分のスマートフォンを取り出すが、送った形跡がない。

いや、逆に一通のメールが届いている。

それも自分の携帯アドレスからであった。

中身はアルファベットだらけで三行ほどだが、文章になっていなかった。

やはりこちらも送信した跡はない。

異常なことだとすぐに理解できる。

「最近、こういうことも起こり始めたんですよ……」

後輩が笑っている。何故か嬉しそうだ。

部屋中で激しい軋みが始まった。

例えるなら、上下左右から強い圧力を掛けられているような音か。

後輩の顔から笑みが消えた。

そして北側——墓場のある方を指さし、呟いた。

〈やけん　あきらめたったい〉

この部屋にいてはいけない、と感じた。本能がここに居続けるのを忌避しているのだ。

だから、後輩を引きずるように連れ出し、近くのファミレスへ入った。

注文を促すが、後輩は呆けたようになっており、反応が薄い。

仕方なく勝手に注文を済ませ、根気強く声を掛け続ける。

徐々に後輩の受け答えがしっかりとしてきた。さっきの事の一部を覚えていないようだ。

とにかく、と、部屋の解約と引っ越しを提案した。金がないなら貸してやる、と言い添えて。

後輩はすぐに部屋を引き払った。

それ以来、彼自身の異変はなりを潜めたという。

アパートに曰くがあったのか、それとも別に理由があったのか。

そこまでは知る由もなかった。

亀元さんは今も、あの後輩に届いたメールの文面を思い出すことがある。
詳細は忘れてきているけれども、二つの部分だけは明確に記憶に残っている。
最後の熊本弁のような文章と、そして。

〈さみしー　さみしー　さみしー　さみしー　ジンセイ〉

断片

鹿子木《かのこぎ》さんは、二十代の一時期に熱中していたことがある。

それば、心霊スポットを巡ること。

熊本県の東側に住む彼は、職場の友人たちと夜な夜な県内のスポットを車で訪れていた。時には他県にまで足を伸ばすこともあったという。

熊本県下の有名スポットからマイナースポットまでは大体網羅したらしい。

今から話す内容は断片的、かつ、どれがどう関係しているのかすら分からないと思いますが、と彼は語り始めた。

十三、四年前、九月のことだった。
その夜も、鹿子木さんは友人たちとスポット巡りに精を出していた。

彼以下は古庄《ふるしょう》と淋《そそぎ》の二人。計男性三名で、一台の車に乗り合わせた。

この三人は中学の頃から付き合いがあり、竹馬の友と呼べる間柄だ。

三人で相談した結果〈廃屋と化した場所から始め、他、あまり人が知らない所を幾つか経由し、最後は田原坂で締める〉パターンとなった。

田原坂。

明治十年に起こった、日本最大の内乱・西南戦争の舞台のひとつである。

こと、この田原坂は激戦地として後世に伝えられている。

現代において、田原坂の名前は幾つかの怪談めいた噂と共に心霊スポットだと囁かれる場所となった。

ただし、鹿子木君たちはこの田原坂では何も体験していない。

逆に、他の場所で幾つかおかしなモノを目撃したことがあった——とはいえ、決定的な何かではなく、気のせいと処理できそうな出来事でしかなかったのだが。

もし決定的な何かを目にしていれば、きっと彼らはスポット巡りなど止めていたと述懐している。当然の話だろう。

どちらかと言えば、スポット巡りを口実に親しい仲間と時間を共有する方がメインの目的であったと言える。

だから、この日も緩い空気の中、車を走らせていた。

運転手は車を出した古庄。助手席に鹿子木さん。後部座席に淋だった。

最初に予定していた廃屋に着く。

いつものように道路側から見えない場所へ車を乗り入れた。

外に出ると汗が滲む。夏の名残と言うには、まだまだ暑さが残っていた。

だが、廃屋内へ足を踏み入れると、急に背中が冷たくなる。

まるで冷凍庫の冷気に晒されたようだ。

三人口々に「これはキタんじゃね?」「出そうな雰囲気があるけん、期待しちゃうな」と囁きあいながら、奥へ進む。

しかし、それ以外何も起こらなかった。

拍子抜けしながら次へ向かう。

そこは住宅街の中にあるスポットだった。

周辺住民はこうしたスポットマニアが来るのを良く思っていない。だから警察のパトロールも多い場所だった。

だから、軽くチェックだけにして、短時間で移動する。

それからの数ヶ所は未だネットにも出ていないような場所であったが、いつものように何も起こることなく終わった。

そして、最後、田原坂を往復し、全ての予定を消化したのである。

「また、何もなかったなぁ」

「そげん、いろいろ常にあることはないけん。そういうもんよ」

時計を見ると、午前一時過ぎ。深夜である。

帰る前にファミリーレストランで何かを食べようと皆の意見が一致した。

車をUターンさせ、国道三号線方面へ向かう。

通りに面したファミレスへ向かう手はずだった。

しかし、田原坂から離れた辺りで車の調子が悪くなる。エンジンが吹き上がらない、と運転していた古庄が硬い声を上げる。

「ちゃんとアクセルば踏んでいるのか？」

「踏んでる！　でも思ったより進まない」

確かに、音だけでもギヤが空回りしている感覚がある。

「駄目や！　ちょっと止めるけん」

路肩へ車を停車させ、エンジンを掛けっぱなしにしてハザードを点ける。

古庄が運転席を降りた。続いて鹿子木さんも車外へ出る。

ムッとした熱い空気が纏わり付く。

ゴムが焦げたような、オイルが焼けたような臭いが漂っていた。

「エンジントラブルやろか？」

ボンネットを開けると、熱気が上がってくる。

何処かで止まると拙いから、だましだまし走るか。それともロードサービスを呼ぶか、二人で相談していると、淋も出てきた。

顔を見ると、何か首を捻っている。

「今、あっちに誰かおらんかったか？」

指さす先は暗い道があるだけで、誰も居ない。

「いや、俺が外へ出ようとしたとき、あっちに人みたいな姿が見えたけん」

見間違えだったのだと淋は笑った。

「まあ、それならよかけん」

三人は車に戻り、再び走り出す。

アクセルの調子は戻ったようだが、やはり不安なので速度は抑えた。

「――あれ？　ここ、どこや？」

気がつくと見覚えがない道に出ている。

スピードメーターとタコメーターに注視していたせいで、道を誤ったのか。

いや、それはない。三号線へ出る道は複雑ではないし、何時も通り慣れているので、間違えようがない。

「これ、なんや？　駅か？」

古庄が声を上げた。

左手に木造駅舎らしき建物が出てきた。その後ろには架線も覗いている。

傍には公衆電話のボックスと自販機がボンヤリと光り、暗がりに浮き上がって見えた。

しかし、駅舎の名前を書いた看板はない。

速度を落とし、じっと駅舎を見詰める。

「見覚えあるか？」

「ない」

三人ともこんな駅舎は知らない。

この辺りに幾つか駅があるが、そのどれとも似ていない。

「建て替えとかあったんかな？」

「それならもっと新しいデザインやろ？」

駅舎前の駐車スペースへ車を乗り入れた。

エンジンを止め、三人で周囲を調べる。

「普通の駅にしか見えん」

「うん。名前だけがないだけや」

「電話ボックスには植木って書いてあったが、でも植木にこんなところはないけん」

三人、顔を見合わせる。

携帯で撮影してみたが、光源が少ないせいか暗く写る。

このままここに居ても仕方がないと、車に乗り、その場を離れた。

「……なぁ、三号線まだかな？」

「もう出ていい頃やけん」

「でも、ずっと似た道ば走っているけんが」

左右を法面と木々に挟まれた片側一車線の道路が続く。

こんなに長い距離を走っても目指す道路が出てこないのは、流石におかしいのではないか。

車内で動揺が走り始めた。

「でも、ただの勘違いということもあるけん。知らん道は長く感じるやろ？」

淋が後ろから言う。確かにそうかも知れない。

さっき見た駅舎も、本当に看板はなかったのか？　見落としているだけではないか？　エンジンの不調で皆がまともな判断や視野を失っていたのではないか？

疑う要素は数多くなる。

どちらにせよ、何処かで引き返してみるかと誰かが口にしたときだったと思う。

緩いカーブの向こう、ヘッドライトの光の先に立つ何者かの姿が浮かび上がった。

「女の人や」

古庄はアクセルを緩め、徐行しながら近づいていく。

その女性は露出の高い格好だ。軽いパーマがあてられた明るめの茶髪である。

さほど痩身ではなく、若干ふくよかに感じられた。

何となく、夜の街にいそうな雰囲気を感じる。

女性が両手を挙げて左右に振っていた。止まって欲しいようだった。

「止まるか」

「うん」

こんな道の途中だ。訳を訊ねて、場合によっては助けなくてはいけないと意見が一致する。

もちろん女性とお近づきになるきっかけになるという意図もあった。

女性の近くに車を止めた。

助手席側の窓を開け、鹿子木さんがどうしたのと声を掛ける。

「ヤバいことあったけん。アンタら、植木まで乗せてくれんね？」

少し団子っ鼻で、人懐こそうな顔だったが、思ったよりハスキーな声だった。

ヤバいこととはどういうことか質問すれば、女性は苦笑いを浮かべて答える。

「何度か会ったことがある男と一緒に居たら、急にどっかの空き地に車を止められて。襲われそうになったから、逃げて来た」

途中途中、身を隠しながらで、いつの間にかこんな所まで歩いてきたのだという。

それは大変だったねと、後部座席に乗せる。

「植木でよかと？　植木のどの辺り？」

「うん。植木で。えっと出来れば……」

女性が植木のどこそこへ言って欲しい、目印はこういうものがある、と教える。

そこで女性の隣に座っていた淋が口を開いた。

「俺ら、今、ちょっと道に迷っとるけん。あンた、この道が何処行くか、知らん？」

女性は手を叩きながら笑い声を上げた。

「ああ、迷っとったんね？　植木だったらこの道、あっちへ走ればすぐ出るけん」

完全に引き返す方向だった。

何度も切り返して、車を来た方へ走らせ始めた。

道はこれで大丈夫だと安心したことと、女性が居ることで車内は盛り上がった。

内容はあまり覚えていないが、普通の地元ネタの笑い話が多かったと思う。

車の調子も元に戻ったのか、快調そのものだった。

話の半ば辺りで、お互いに名乗り合う。

女性は、アキ、と下の名前だけを教えてくれた。

どれ程進んだときだろうか。不意に知っている道に繋がった。

ここからなら、アキが指定した場所は分かる。

「あ、ここでいいけん。止めて」

突然彼女が声を上げた。

住宅が集まった場所の入り口で、ここから行きたいところが近いらしい。

「途中まで送っていくけん。暗い道は危ないから」

淋がアキと住宅の間に消えていく。

カーオーディオから流れるポップスが二、三曲終わる頃、彼がひとりで戻って来た。

「送ってきたけん」

何か美味しいことがなかったか訊いたが、ただ首を振る。

「あの女、あんまり感謝の気持ちがなか」

少し怒った口調だ。

道すがら、アキとのやり取りで何か腹に据えかねる出来事があったようだ。

詳細を聞けば、彼女はさほど礼も言わず、また、送っている淋を邪険に扱う節が目立ったらしい。

「あんげな女、こっちから願い下げや」

淋の怒りはなかなか収まらない。

その後、無事に三号線に出て、ファミレスへ立ち寄った。

食事中、おかしな駅と道の話、そしてアキの悪口に終始したのは言うまでもない。


これ以降、心霊スポット巡りは福岡県や大分県への遠征が多くなった。

メンバーは鹿子木さんと古庄が固定で、後は流動的だ。

淋は忙しいことが多くなり、殆ど参加できなくなってしまった。

そして、十月も終わろうとした頃か。

久しぶりに熊本県内のスポットを攻めることになった。

参加者は鹿子木さんと古庄の二人だけである。

淋も電話で誘ったが、彼は行けない、と断りを入れてきた。

『すまん。実は……』

彼は、あの夜に出会ったアキと付き合いだしたと白状した。

実はお互いの連絡先を交換しており、その後交際に発展したという。しかも、アキと付き合いだした後に、今度はミユキという女性とも仲良くなり、現在二股を掛けているのだという告白まで受けた。

『嘘吐いていてごめん。二人相手にしているから、なかなか暇がないけん』

鹿子木さんは呆れながら誘うのを止めた。

古庄が淋に嫌悪感を顕わにしながら車を出してくれる。

何処へ行くか悩んだあげく、数ヶ月前に入った廃墟ビルへ這入り込むことを決めた。

近くの空き地へ車を止め、裏手へ回った。ふとビルを見上げると、三階辺りの窓に連続して光が瞬いている。

「ああ、中で撮影しちょるな」

カメラのフラッシュの光だとすぐに分かった。

心霊スポットで撮影をし、ホームページに写真と報告を上げる人間が増えている。多分、そういう輩が先に入っているのだ。

しかし、近くには車もバイクも自転車もない。

徒歩で移動してきたのか。それとも別の所へ乗り物を止めているのか。

どっちにしろ遠慮することはないと、二人はビル内部へ足を踏み入れる。

中は外からの光が届かないこともあり、暗い。

懐中電灯を頼りに二階へ上がったとき、数部屋先でフラッシュが光った。

先客に挨拶しようと、鹿子木さんは古庄とその部屋へ向かう。

あまり驚かさないように、気配は消さずに中を覗いた。

「あれ？　誰も居らん」

今し方撮影していたのではなかったか。

部屋の隅々まで調べてみるが、誰の姿もない。

窓から別の部屋へ入ったのかと想像したが、それは難しい。そもそも、この部屋の出入り口は廊下側一ヶ所しかないのだ。もし中から誰か出てきたのなら、必ず擦れ違わなくてはならない。

彼ら二人は顔を見合わせてから、すぐに喜んだ。

心霊現象が起こった！　と興奮したからだ。

手に持ったデジカメを部屋の中へ向け、シャッターを切りまくる。

しかし、荒れ果てた室内しか写らない。

何も写らない、と意気消沈し、車へ戻った。

「なぁ、次、何処行くよ？」

「そうだなぁ。最近、聞いた所はどうだ？」

古庄が何か情報を仕入れてきたようだ。先を促す。

曰く〈植木にある某道路は、異次元空間に繋がっている。午前一時過ぎ、車の座席をひとつ以上空けてからその道路を通ると、名前のない駅舎が出てくる。駅舎内部に入ると二度とこの世に戻ってこられない〉――。

鹿子木さんは頷きながら聞いていたが、途中で笑ってしまった。

「それ、俺らが皆に話したまんまの怪談やん」

あの日の出来事に、この世に戻ってこられない、なんて子供騙しの要素を付け足したことでギャグにしていたのだ。

確かに、迷い込んだ場所やいつまでも三号線に出ない道などには納得はしていない。

とはいえ、自分たちの勘違いや、エンジントラブルの焦りから注意力が散漫になったせいだと冷静に考えていた。

それでも面白い体験だったから尾鰭を付けて話したに過ぎない。

が、それすら真に受けて流布している人間が居るのかと驚いた。

古庄も一瞬笑い、すぐさま「続きがあるけん」と真顔に戻った。

〈その駅舎の傍に白いミニバンが止まっている。鳥取ナンバーであるが、中に誰も乗っていない。このミニバンの裏側に、女の霊がボンヤリ立っている〉

誰かが付け足したのだろうが、いろいろ具体的だ。例えば、ミニバンの車種であったり、残りのナンバーであったり、兎に角、ディテールが細かい。

女の霊について、古庄が更に説明を重ねる。

〈女は二十代前半くらいで、痩せ形。服はブラウスにロングスカートを身に着けている。黒く長い髪に加え、両手で覆っているせいで顔が見えないが、どうも泣いているらしい〉

なんとも興味をそそられた。

もう一度調査に出向く必要があるはずだと、二人は頷き合う。

時計は午前十二時半。植木のその道路までだいたい二十分もあれば着くはずだ。彼らは車を植木方面へ向けて発進させた。

午前一時になる少し前、田原坂周辺に着く。

あの日の再現をするつもりだった。

わざわざUターンするところから始め、三号線のファミレスへ向かう。

その途中、一時を過ぎた。

その時点で何も起こらない。道も既知の姿のままだ。

「なんだ、やっぱり何も起こらん」

「そらそうよ。異次元空間とかねぇわ」

お互い自嘲気味だ。

あまりのつまらない結果に、このまま帰るのも気が収まらない。何かないかと、植木周辺の道路を巡ることを決めた。

何もないまま午前二時を過ぎた辺りだったか。

左右が法面になった穏やかな下り坂にさしかかる。前方にはきつくない左カーブが見えてきた。片側一車線だが、そこまで狭くない道だ。

この前、アキを拾った場所に似ているような気がした。

「あ！」

ハンドルを握っている古庄が声を上げた。

車の前方、少し離れた法面の前に、誰かが立っている……ように見えた。

しかし近づいていくと、何も居ない。

何かの見間違えだったのかと次のカーブへ差し掛かると、また人影のようなものが浮かび上がる。接近すると、何もない。

数度、似たことを繰り返しているうち、大きな通りへ出た。

「……戻ってみらんか？」

鹿子木さんの意見に、古庄が頷いた。

すぐさまとって返す。しかし今度は何もない。
二、三往復してみたが、おかしなことは最初だけだった。古庄が叫ぶ。
「鹿子木、お前、カメラで撮っておけばよかったのに！」

ああ、そうかと納得しても後の祭りだった。

その後も、似たことが起こらないかと近隣の道を走った。

山道、農道、住宅地。何処も何の異常もない。

意気消沈しながら帰路につく。

途中、ふと淋のことを思い出した。

「淋の奴に何か悪戯してやらんか？」

鹿子木さんの提案に、古庄が乗ってきた。

淋はアパートにひとり暮らしをしている。部屋は二階だ。そのドアノブに意味不明な品物を掛けてやり、猛烈なノックをした後、何処かへ身を隠す。

出てきた淋がノブに気づき、気持ち悪がっているところに唐突に出て行って、驚かせる。これがふたりで出したアイデアだった。

途中で停車し、車内にあったレジ袋にゴミや近くに生えていた草、小石、新たに丸めたティッシュを詰めて準備を行う。
「これならいいだろう」
二人ほくそ笑みながら再び車を出す。
淋のアパートが近づいて来た。
最後の角を曲がったときだ。
ライトの光の中、少し離れた所に複数の人影が浮かび上がった。
全部で四人。
左右の外側が大人、間に子供らしきものが二人、か。
四人で手を繋いでいるシルエットだ。
こんな時間に親子連れかと思ったことを鹿子木さんは覚えている。
そのとき、古庄が大声を上げた。
「淋やん！」
え？　淋じゃないぞ、とその顔を見た。
「いや、淋やって」
再び前方へ視線を移す。
我が目を疑った。
四人居たはずの影はひとつになっている。

そして、着ている服がハッキリ見えた。

パーカーとスウェットの後ろ姿。見覚えがある。

時折ちらっと見える横顔は、本当に淋だった。

(じゃあ、さっきのは見間違えか)

四人連れを目にしたのが一瞬だとしても、鹿子木さんは納得がいかない。しかし前を歩いているのは間違いなく淋ただひとりである。

古庄に停車させ、外に出て声を掛ける。

淋が訝しげな顔で振り返った。

「何？　ああ、鹿子木か……」

不機嫌な声色と驚きのない態度に違和感を覚える。

「淋、お前、こんな時間に何してる？」

「ああ、今、アキん家から戻って来たところやけん」

部屋に来ていたアキが突然子供たちの所へ帰りたいと言うから、家の近くまで歩いて送ってきたところだと答えた。

アキという女は、シングルマザーか何かだったのか。いや、それ以前にこの辺りに住んでいたのか。疑問が深まる中、ふと淋の足下に目が向いた。

淋は靴もサンダルも履いていない。素足だ。

「お前、なんで裸足なん？」

そこで初めて自分が何も履いていないことに淋は気づいたようだった。

「……俺、裸足やん」

そうだ、裸足だと返すと、彼がはっとした声を上げた。

「お？　おお？　どうした鹿子木!?　えっ？　俺」

まるで我に返ったような淋の態度に、面食らう。

まずは淋の部屋へ行こうと話を纏め、古庄には車を止めてから来てくれと指示した。

部屋に入ると、異様な臭いが充満していた。

黴臭さと男の部屋らしい悪臭、そこに女性が使うコロンの香りが混ざっている。

いや、臭いだけではない。まるで真夏の夜の空気のような熱気が残っていた。

1LDK。リビングの向こう、開け放たれた部屋に、男女の営みの痕跡が散乱しているのが目に入る。

突然、淋がフローリングの上にへたり込んだ。

掌と足の裏が痛いと訴える。調べてみると、掌に一直線の擦過傷が残っていた。足は足で至る所で肉刺が潰れている。それぞれの傷口に泥が詰まっていた。

更によく見れば、衣服の袖口や膝下がぐっしょり濡れている。

何をしたのか訊ねても、淋はただ首を振った。

「おーい、何だ？　どうした……うわっ、クサっ、熱っ⁉」

入ってきた古庄が驚いている。

その声に反応したように、淋は顔を上げた。

「……ミユキ？」

女性の名を呼びながら、古庄を指さす。

ミユキとは確か、二股相手の名前のはずだ。

しかし、ここにいるのは、鹿子木さん、淋、古庄の男三人でしかない。

淋はミユキ、ミユキと繰り返すばかりだ。

「コイツ、夢遊病者やなかと？」

呆れたのか怯えたのか分からない口調で古庄が吐き捨てる。

その可能性はある。淋をリビングから寝室へ移し、敷きっぱなしの布団に寝かせた。周囲に放置された男女間の行為で生じたゴミには触りたくないので、無視を決め込む。

淋はすぐに寝息を立て始めた。まるで漫画やコントのようだと思った。

リビングと部屋を隔てる引き戸を閉め、鹿子木さんは古庄と待機することを決めた。

淋の異変について二人話し合うが、明確は答えなど出るはずもない。

戸の向こうから、唐突に淋の声が響いた。

「アキー、子供らと会えたか？」

「ミユキ、苦しかったろ」

明確な言葉が呻きや嗚咽と混じって耳に届く。

起きたのかと中にいる淋の様子を確かめるが、目を閉じ寝息を立てている。

戸を閉めるとまた同じような声が聞こえた。

何度か無理矢理起こしてみたが、寝起きの人間特有の会話しか成り立たない。

戸を開け放した状態でも淋は声を発した。

近づいてその顔を覗き込むと、口だけが別の生き物のように動いている。

夜が明ける頃には女性たちの名を呼ぶこともなくなった。

疲労困憊の鹿子木さんと古庄の二人が朝七時くらいに淋を叩き起こすと、彼は吃驚した顔でこちらを見詰めている。

「いつ来た？　何で来た？」

夜中のことを一切覚えていないようだった。

手足の傷のことを指摘すると、彼があぁ、とさも当然のような様子で答える。

「最近、朝起きるとこういう怪我しとる」

淋当人は、そこに疑問も何もない顔だ。幾らおかしいのだと話をしても、馬耳東風で、一切心に響いていない。

あまりにおかしい。本当に淋は夢遊病者となったのだろうか。

心配していると、古庄が話を打ち切った。

「分かった。分かったけん。俺らは帰る。戸締まりだけはしておけ」

部屋の外に出て、車に乗り込んだ途端、古庄は苦虫を噛み潰したような顔に変わる。

「淋は今、どうかしとるんやろう。二股しとるっちゅう、女らも存在してないんじゃ？」

思い返してみると、アキは一度だけ、あの夜に会っただけだ。ミユキという人物も名前を聞いただけでしかない。そして二人の写真すら見せて貰っていないのだから。

部屋の中に残されたゴミはひとりで行っただけ。手足の怪我も、自傷や異常行動の結果ではないかと論じる。

そう考えると辻褄が合った。

「淋とあんまりつるまないほうがええな。長かった付き合いやけど。流石に、な？　なんか、二股かますような奴じゃなかったのになぁ。よくなるまで放置がええけん」

古庄の言葉に頷く他なかった。


――しかし、それから間もなくして、ある噂が流れてきた。

「淋、失踪したらしいぞ」

共通の友人・知人経由の話だ。

改めて確かめてみれば、それは本当だった。

淋は無断欠勤を続け、職場で大問題になっていた。そして、調べに行った上司により失踪が確定。両親は淋が勤めていた会社からの連絡で、ひとり息子の行方が分からなくなっていることに気づいたようだ。

姿を消した時期はハッキリしていない。年末年始の休み前後ではないかとされているが、それもまた予想の範囲を出ないのだ。

淋の消息が途絶える少し前、十二月の最終週に、ある友人に一通のメールが届いていた。

『ミユキが終わったから　次はアキ』

たったこれだけだ。それぞれの名前に心当たりのある鹿子木さんと古庄も、件の二股相手に関連している、程度のことしか読み取れない。

友人はどういうことかと返信したが、返事は戻ってこなかった。

これ以降、淋の消息は全くの不明となった。

淋が居なくなって十数年が過ぎた。

鹿子木さんは何年も前に心霊スポット巡りを止めている。

淋に続いて、あれだけ仲が良かった古庄がある日突然、姿を消したからだ。

四年ほど前、居なくなる前に古庄が夜中に電話を掛けてきた。

『好きな女と逃げる。熊本にはもう居られんけん。人が多か東京へ行こうて思う。そんことは誰にも言わんでおいてくれ』

世間的にも、人としても許されないことだから、少ししたら携帯も契約して尻尾を掴まれないようにする。だから、鹿子木さんともこれが最後だと告げられた。

以後、本当に連絡は不可能となった。

当然、古庄の親から連絡を貰った。

正直に、彼は東京方面へ向かったと教える。黙っていたら、誰しも不幸になるという判断からだった。

しかし、古庄の行方を掴めなかったようだ。

もうひとり、淋の消息も分からない。

淋と古庄のご両親は、息子の消息を知るために、常に情報を集めているようだ。

息子らはきっと生きていると信じて。

でも、と鹿子木さんは思う。

二人はすでにこの世にいないのではないか、と。

古庄が居なくなってから、一年ほど経った頃だ。

同じ日の違う時間帯に、携帯へ二つの留守番電話が残されていた。

ひとつは、嗄れ声の男性で、関西訛り。

もうひとつも男性で、こちらは東北のイントネーションに感じられた。

番号は携帯のもので、両方聞き覚えのない声質だ。

内容は『連絡を下さい』程度のものだったが、共通していたのは、鹿子木さんの中学時代、一部で使われていた渾名を最後に残していたことだ。

例えば〈〇〇〇〇、よろしく〉的なものである。

ただ、その渾名で呼んでいたのは、淋と古庄だけである。

だとすれば、居なくなった二人からの電話と考えるのが妥当だ。

では何故声が違うのか。何らかの事情で二人の声が変化したのではないか。例えば、喉を潰された、首吊り自殺を失敗して声帯にダメージを負った、等予想は出来る。

鹿子木さんはすぐ、二つの番号それぞれへ連絡をした。

しかし、ひとつは使われておらず、もうひとつは若い女性が出たので事情を説明したが、相手方の言い分だと一切の関係はないという答えだった。

(あの留守電は何だったのか？)

思い悩む日が続く中、鹿子木さんはおかしな夢を見るようになった。

自分の部屋で眠っていると、ふと目が覚める。

その枕元に、淋や古庄が出てくるものである。

淋は、女性と二人、手を繋いでボンヤリ立っている。

その女性の格好はあの夜のアキのように感じるが、確定できない。長い時間が過ぎ、記憶はすでに薄くなっている。

それに、女性の顔に靄が掛かっていて、見えないのだ。

古庄も古庄で、ひとりの女性をおんぶして立っている。

彼の肩越しにあるはずの女性の顔は、削り取られたように黒くなっており、見えない。

ただそれだけの夢で、目が覚めると毎回ベッドの縁に腰掛けている。

いや、夢と言うにはなんとも言えないほどリアルで、現実との境目が曖昧なものだ。

もし夢ではなかったら二人はすでに、と考えざるを得ない。

現在も、淋と古庄の行方は杳として知れない。

彼らの両親に夢のことを告げることは出来ないままである。


自分たちの身に起きた数々の出来事と、淋と古庄についての因果関係について、今もって何ひとつ繋げられないのだと、鹿子木さんは漏らす。

とても、寂しそうな口調だった。

〈特別寄稿・エッセイ〉

見える？ 信じる？

TVプロデューサー 温谷禎康

私が本を読み始めた小学一年生の頃、父親と行った熊本の本屋で買ってもらった一冊の本が、私に大きな影響を与えた。

その本とは、邪馬台国女王卑弥呼の本だった。

漫画で書かれた歴史シリーズの本には、占いの力で〝くに〟を治め、中国大陸へも使いを送った卑弥呼の事が書かれていた。

邪馬台国という場所がどこにあったのか、そもそも本当に実在したのか？ 私が古代の謎に大きく惹かれるきっかけとなった。

それからというもの、全国で遺跡が見つかったニュースが新聞やテレビで報じられると、ついに邪馬台国発見かと、ドキドキし、また飛行機に乗った際には、空からの地形をチェックし、邪馬台国らしきものを探すのが常となった。

もちろん私は、邪馬台国は南九州のどこか、それも宮崎県にあって欲しいと思っているのだが……。

私はテレビ番組を作る仕事をしている関係もあり、あまり無責任なことを発言するといけないと思うのだが、個人的な話として言わせてもらうと、私は霊を見たこともあるし、声を聞いたこともある。

一瞬見た事は数回、長くは十秒程度、最長では一時間もの間ずっと霊と対峙したこともある。場所を特定してしまうと怖がる人がいるのでその場所は伏せておくが、多くは山の中の頻度が高い。

一番恐ろしかったのは、鹿児島県の渓谷に近いキャンプ場。

車で着いてすぐにただならぬ気配を感じ、奥の建物をパッと見たところ、壁に無数の目が張り付いていた。さらにその目たちはこっちをギョロギョロ見ていたのである。

私は、慌てて車に飛び乗り一目散にそのまま逃げたのだが、あまりの恐怖に立ち去った後も車の中で震えていた。

後にも先にもあのような体験はしたことはないが、もう二度と遭遇したくない出来事だ。

普通そのような恐怖体験を人に話をするのは、相手に「何この人？」と、思われる恐れがあり発言を少し躊躇するのだが、この本の著者・久田さんは何の疑いもなく話を聞いてくれる。

聞いてくれるだけではなく、更に怖い話を追加してくるし、ＵＦＯ（未確認飛行物体）の話まで事細かに当たり前のように話してくる。

あたかも霊やＵＦＯが、モグラやキツネと同じく確かに存在するものであるかのように、だ。

そう言えば、こんな話もある。人は古代よりシャーマンや霊媒師を介し、神や先祖や自然の声を聞いてきたというが、私が以前ホームステイしていたフィリピンの山岳民族のじいちゃんは、村では有名なシャーマンだった。

ある日十歳の男の子が高熱でうなされていたところ、酒と木の葉を男の子に少しずつ振りかけ、時に天井や、外の何かに語りかけて一晩中祈り続け治癒したのを見た事がある。

日本でも少し前まではそのような不思議な力をもった人が普通に存在したと思う。

また、小さいころの記憶だが、ある町のおばあちゃんが不思議な手を持っていた。

小さな川沿いに住むその女性は、皮膚にできた帯状疱疹に刃物をかざし、呪文を唱え、息を吹きかけて治すと有名だったのだが、幼心にハッキリと覚えているのは　そのおばあちゃんが作る梅干しは何故か普通の梅干しにならないという事だった。後に聞いたのだが、その特殊な力を持つ人々は地元では〝ニガテ〟と呼ばれていたという。ニガテがヘビを掴むと、ヘビの関節が外れ動けなくなるというパワーも持っているという。

私はそのおばあちゃんの手を触った事があるのだが、シワの多い普通の手のように感じた。

その方はもう亡くなっていると思う。

私たちが暮らす、この南九州はかつて　神がかかったパワーに満ち溢れた聖なる土地であった。私はそう信じている。

事実、地の利を取り仕切る豪族がいて、その墓である古墳も数多く作られた。貴重な銅鏡や剣が出土する事から、大陸との交流や来訪者も多く入ってきていたのだろう。

私は、北海道のアイヌ民族などの暮らしぶりや、稲作と共に移り住んできた大陸からの人たちの姿に思いを馳せるとき、とてつもない興奮に包まれる。もちろんその時代にタイムスリップする事は出来ないが、ある日全てのことが書かれた歴史書が発見される事はないだろうか？

邪馬台国・卑弥呼がどこにあったのか、その謎が解明される日を私は望んでいる。

宮崎県

目を疑う

宮崎県は、海と山、豊かな自然に囲まれている。
神話も数多く残されており〈神々の郷〉を擁する県であることは有名であろう。

そんな宮崎県の中心、宮崎市には有名な歓楽街〈西橘通り〉が存在する。
通称〈ニシタチ〉と呼ばれ、地元の美味しいものやお酒が楽しめる飲食店街だ。
このニシタチで働く、河野《こうの》さんという女性がいる。
働き出す少し前、彼女は通勤に便利な場所を、とニシタチを中心に部屋を探した。
意外なことに周辺にはアパートやマンションも多く、物件に困ることはない。
あとは敷金礼金、家賃との兼ね合いが問題なだけだ。
結局、若干ニシタチから離れた場所のアパートを借りることになった。
しかし、この部屋は、出た。
人の形のような灰色の何かがトイレから出てきて、そのまま対面の壁に消えていく。
仕事を終えた時間、夜も明けきらぬ午前、玄関ドアを開けると良く出くわした。
ただそれだけだったたし、仕事の疲れで相手にもしていられない。

だから、そのまま部屋に住み続けた。
だが、あるとき、ふと想像してしまった。
(自分が居ないとき、もしかしたらアイツが我が物顔で歩き回っているかも知れない)
自分のベッドや浴室、他、プライベートな空間を。
あの部屋に住み続けることに、急に嫌気がさした。
幸いなことに仕事を頑張っていたお陰で貯金もある。
思い立った週には引っ越しの算段を付けて、あっという間に他の部屋へ移り住んだ。
――が、それから間もない頃だ。
河野さんは同じニシタチで働く年下の女性と知り合いになった。
ニトウ　サトミとその人は名乗った。
仕事や日頃の仕事の愚痴を言い合う内に、より親しくなっていく。
食事や呑みへ一緒に出かけることも増えたという。
その日もサトミと仕事上がりに待ち合わせて、お酒を呑んだ。
酔いが回ると共に、彼女は饒舌になる。
そして、そっと短めの袖を捲って肩口を見せてきた。
そこには男性名のタトゥーが入っている。

「あたしが心から愛している男なんよ」

いつものような宮崎訛りではない。

サトミが言うには、男を追いかけて宮崎へ来たという。

初めて聞く話だ。

「その人はサーフィンが趣味で、宮崎へ移住を決めたんよ」

だから最初は海に行く時間を捻出するため、男は工場勤務をしていた。しかし途中で転職し、今は夜の世界で生きているらしい。

が、話を聞けば聞くほど、サトミは都合の良い女として扱われているとしか思えない。それも、こっちに来る以前からだ。

当人もそれが分かっていた。しかし、どうしても男を忘れられない。だから、地元を捨てて宮崎まで身体ひとつでやって来た。

押しかけてきたサトミに驚きつつも、男は喜んでくれた。

が、サトミは更に男に利用され始める。

当初は金の無心。続いて工場勤務から夜の世界へ転身したときは、売り上げ協力。ある種男にとっての金づる扱いであった。

別れなよと言うが、彼女は首を縦に振らない。

その夜、サトミは悪い酔い方をしていた。

途中で電話が掛かって来る。彼女はしどろもどろの口調で話し出した。

内容から、その問題の男からということが伝わって来る。

「アイツのお店、行ってくるね」

サトミはふらふらとした足取りで出て行ってしまった。多分、売り上げに協力するのだろう。

そんなことはするべきではないと止めたが、言うことを聞かない。

最後は半ば喧嘩のようになって、彼女は怒声を上げながら出て行った。

それからサトミと顔を合わせたり、連絡を取り合うことが殆どなくなった。


それから半年も過ぎない頃だったと記憶している。

とても冷えた夜の仕事上がり、ニシタチでサトミとばったり顔を合わせた。

前と少し顔が違うように思える。

顎周りがシャープになり、何となく目に力があった。

「河野さん、あたし、地元に帰ることにした」

直にあって相談したかったけれど、あんな別れ方したから連絡を控えていたと笑う。

こうして偶然会えたことがよほど嬉しいようだ。

寒さも酷いので、近くのファミリーレストランへ誘った。

落ち着くと、サトミが頭を下げる。

そこからは以前と同じように仲良く話すことが出来た。

何杯かグラスワインを飲んだ後、サトミがそっとブラウスのボタンを外し、他の客に見えないよう、肩口を見せてくれる。

そこにあったはずのタトゥーは、他の模様で上書きされ消されていた。

服を整えながら、サトミがポツリと呟く。

「別れちゃった」

だから地元へ戻るのかと納得していると、彼女が微笑む。

「ううん。一寸前に、目を疑うことがあって」

目を疑うこと？　一体それは何かと訊ねると、サトミは声を潜めた。

「あたしの部屋に、お父さんとお母さんが出てきて」

出てきて、という言葉に不穏な響きを感じる。

サトミはそこでハッと何かに気づいたようだ。

「変な話で信じられないかも知れないけれど、河野さんだから教えるね」


仕事が休みだった夜だ。

サトミの部屋に例の男が泊まった。

彼は自分勝手に事を済ませると、さっさと眠ってしまう。

彼女はひとり大人しくベッドから出て後処理をし、シャワーを浴びた。

浴室から出てくると、眠っている男の足下側に誰かが二人座っている。

思わず声を上げそうになったとき、それらが振り返った。

地元にいるはずの両親だった。

いつ来たのか。どうやって部屋に入って来たのか。それ以前に、宮崎に来ていることも、部屋の住所も何もかも教えていない。携帯も変えたまま、没交渉のままだったはずだ。

様々な感情が入り交じり、心が千々に乱れていく。

駆け寄ろうとした瞬間、両親が立ち上がった。

そして、見る間に灰色になったかと思うと、全体的にぼやけていく。

サトミの身体をすり抜けて、そのままトイレのドアの方へ消えていった。

途端に、二人がもうこの世にいないのだと何故か理解できた。

力が抜け、しゃがみ込む。

もう男の居るベッドへは戻れなかった。


「お父さんとお母さんが身体をすり抜けていったとき、とても寒くなった。体温もだけど、精神的にも寒いって言うか。その途端、もう（この男は）いいかなぁって」

サトミが苦笑いを浮かべる。

別れた男はどうしたのだろう？　サトミに縋らなかったのだろうか。

「なかった。でもね」

男はサトミと別れた後、「何かミスをして、とっても怖い人たちに連れて行かれて、サーフィンできなくされたって、店の人に聞いた」と言う。

店の人とは、男の店ではなく、サトミの働いている店の人間の事だ。夜の世界は裏で繋がっていることが多い。蛇の道は蛇ということだろう。

「これからどうするの？」

サトミに問うと、彼女は力強く答えた。

「地元に戻って、一からやり直す」

応援するよと約束して、その日は別れた。

数日後、餞別を渡しに行った。

その時、サトミの外見が大きく変わっていることに驚きを隠せなかった。

髪の毛を短くしている上、化粧気もなく、着ている服もシンプルになっている。

これが本当の自分だと、すっきりした表情を浮かべていた。

地元に戻って落ち着いたら、連絡するねと彼女は嗚咽を漏らす。

貰い泣きしながら、幸せになって欲しいと河野さんは願った。

サトミが地元へ戻って、再び寒い時期がやって来た。
仕事を終えた河野さんがニシタチを歩いていると、携帯へメールが届く。
開くと、サトミだった。
『やっぱり　親　二人とも　死んでたよ　ジサツ　だったって』
掛ける言葉が見つからない。しかし返信しないわけにもいかない。
今から電話していいかと送る。
またメールが来た。
『あたしは　もう　ダメだから　最後の報告』
サトミの携帯へ電話を掛ける。出ない。
最後、とはどういう意味だ。まさか――。
何度も掛け直すが、遂に電源を切られた。
そして、着信拒否をされたまま、二度とコンタクトを取ることが出来なくなった。

河野さんが最後に教えてくれた。
サトミに餞別を持って行ったときに分かったことがある。
寄っていってと初めて案内されたサトミの部屋。

そこは自分が元住んでいた部屋であった。

そう。あの〈灰色の何者かが現れる部屋〉である。

仲が良いと言っても、それまでお互いの住所や部屋番号まで教えあっていない。

だから、心臓が痛くなるほど驚いた。

と同時に、あの時聞いたサトミの〈お父さんとお母さんが出た〉という吐露が酷く腑に落ちた。


「サトミ、死んでないといいっちゃけど……」

河野さんは今もスマートフォンにサトミの連絡先を残している。

現在、その番号が解約されていたとしても。

坂道の先に

宮崎県高千穂町は、神々の郷と呼ばれている。

その名の通り、少し歩くだけで神話や伝承に出会える町だ。

この町の家々は一年中玄関に注連縄を飾る。

取り替えるのはお正月を迎えたときだ。

何故、一年中、注連縄飾りをするのだろうか。

それは〈注連縄のこちら側、家の中で神々と共に暮らしている〉気持ちを表すためだ。

これもまた神々の郷ならではだろう。

高千穂町以外だと、三重県伊勢志摩地方や熊本県天草地方でも一年中注連縄が飾られるというのも興味深い事例だろう。

この高千穂町、県名は宮崎であるが、実は熊本・阿蘇文化圏に近い。

神話や伝承も阿蘇と関わりが深い、と申し添えておこう。

小学生の頃までこの高千穂町に住んでいた女性が居る。

甲斐さんと言う。

三十三歳を迎えた現在は、宮崎市在住である。
そんな彼女の幼い頃の話である。

甲斐さんが住んでいた家は、緩い坂の途中にあった。
高千穂町や日之影町は山々に囲まれ、平らな土地は僅かである。
当然、斜面を切り開いたような場所に家屋が建てられることも少なくない。
だから、家の前が坂道であるのはよくある話だった。
新年を迎えて少し過ぎた頃、とても寒い朝だったと記憶している。
小学校へ上がる前だから、六歳くらいの時だ。
友達の家へ遊びに行こうか、それとも家の中で本を読もうかと彼女は悩んでいた。
窓から外を見ると、目に痛いほどの青空が広がっている。
(外へ出てみようかなぁ)
青い空に誘われるように、玄関から目の前の道路へ出る。
山間部特有の寒さが骨身に凍みて、思わず震えてしまう。
そのとき、左手方向、坂を上った側で何かが動いたような気がした。
身体ごと視線を向けると、遠くに白く丸いものがある。
(あ。こいぬだ)

それは鞠のようにころころした犬の仔だった。

仔犬は甲斐さんの方をチラッと見ては、少しずつ坂の上へ歩いて行く。

まるで誘っているとしか思えない。

犬が好きな彼女は、小走りで追いかけた。

（あ、かわいいかお、してる）

真っ白な顔に、黒目がちの瞳と、小さな黒豆のような鼻がくっついている。時々口を開けては桃色の舌を出すが、何となく笑っているようで愛らしい表情だった。

仔犬はある程度距離が詰まると、歩調を速める。

待って、待ってと坂を上って追いかける内、仔犬は左側にある小さな鳥居の中へするりと入っていった。

当然、甲斐さんも鳥居を潜る。

「あれ？　こいぬがいない」

何処にも子犬の姿がない。

あるのは、小さなお社と掃き清められた境内だけだ。

だっこしたかったのに。それに、お父さんとお母さんに頼んで飼おうと思っていたのに。そんなことを考えながらガッカリしてしまう。

「――ほい」

突然後ろから声を掛けられた。

振り返ると、禿頭に白く長い髭を生やした老人が立っている。

しゃんと真っ直ぐ背筋を伸ばしていて、背が高い。

白い着物と白い袴を身につけており、宮司さんの雰囲気が合った。

ただ、見えている肌が赤銅色で、着ている物の色との差が目立つ。

「ほい。どうした？」

宮司さんらしき老人が話しかけてきた。

「あの、こいぬが、このじんじゃへ」

事情を説明すると、老人は大きな声で笑った。

「ああ、そうかそうか。仔犬はもう居らんが」

仔犬は居ないのか。思わず泣きそうになってしまう。

その様子に慌てたのか、老人はしゃがんで頭を撫でてくれた。

「泣くな、泣くな。あれに呼ばれたんやが。お前は」

呼ばれたとは一体何のことだろうか。

疑問に感じていると、老人が再び口を開く。

「お前はなぁ、生きている内に二度〈死ぬような目〉に遭うが」

予想しない言葉に身体が固まる。

死ぬような、から、死という部分だけを脳がクローズアップしてしまったのだろう。自分はすぐ死んでしまうのかと勘違いしてしまった。

老人はその思い違いを訂正しながら、詳しいことを教えてくれた。

「寿命が何十年ある内、二回、死にかけるとよ。でも、死なない。そうなっちょっから。だから、幾ら苦しいことや辛いこっがあっても、諦めずに生きなさい」

そうか、死なないのかと安堵する。

老人が微笑みながら、言葉を続ける。

「諦めたら、三度めが来て、死ぬが。もし諦めずに、きちんと頑張って生きれば、ちゃんと大丈夫やが」

小さな自分に分かるように言葉を選んでくれているのだろう。

言うとおり、諦めずきちんとしていたら、きっと大丈夫なんだ、と理解出来た。

「――そろそろ家へ帰りなさい。家の人が心配しちょっから」

鳥居から送り出されて、坂道を戻っていく。

何度か振り返ると、老人が手を振っていた。

自宅玄関の前まで来ると、母親が飛び出してくる。

「あんた！　何処行っちょったと⁉」

時計は午後三時前を指している。

(え？　外に出たの、朝だったのに)

どう考えても時間が合わない。

「あんたが急に姿が見えなくなって、皆で心配して探していたのだ」と母親から叱られる。

今までの事を説明するが、どうしても納得してくれない。

「こん坂を上っても、神社も鳥居もないが！　本当は何処へ行っちょったと？」

言われてみて気がついた。

一番近い神社は逆方向にある。それに、そことは社も境内の雰囲気も違っていた。

(じゃあ、あの神社と宮司さんみたいなお爺ちゃんは？)

結局、何も分からずじまいだった。


それから長い時間が過ぎた。

甲斐さんは、二十歳の頃、事故で死にかけた。

無謀運転の車にぶつけられたせいだ。

奇跡的な回復を見せ、今は後遺症もない。

そして、特にトラブルもなく生きている。

いや、時々辛いことがある。しかし、どういう訳かそんな時は様々な救いの手が方々から伸びてきて、結果、良い結果を迎えることばかりだった。

彼女はふと思う。

あの幼い日出会った仔犬と老人は〈そういう存在〉だったのかな、と。

だとしたら納得がいく。

ただ、老人に言われたのは〈二度死ぬ目に遭う〉である。

あと一度、残っている。

甲斐さんは「それはいつなのだろう。どんな状況なのだろう」という少しの不安と「きっと大丈夫、死ぬことはないのだから」という自信の間で生きている。

山間に沿う

興梠《こうろぎ》さんは今、宮崎県西都《さいと》市に住む。

西都市と言えば古墳群が有名で、九州最大の古墳、男狭穂塚《おさほづか》・女狭穂塚《めさほづか》が存在している（二つの古墳は宮内庁より陵墓参考地として指定されている。因みに、帆立貝形古墳としては日本最大でもある）。

彼が妻とここに引っ越してきたのは十数年前。

元々古墳など古代のことが好きで、いつか西都市に住みたかったからだ。

五十八歳を迎えた今、ある事件がきっかけで思い出した話がある――。

興梠さんが元々住んでいたのは、宮崎県内にある山間の町だった。

とはいえ、人口はそこまで少なくないし、買い物も不便ではない。それに、他の市町村への移動も車があれば問題ないほど道路も整備されている。

日本全国何処にでもあるような場所だったと言えよう。

ただ、この町には町民の一部から忌避された一家があった。

上米良《かんめら》という名字を持つその家は、興梠さんが成人した頃には父母、息子、息子の嫁、四人構成であった。

父は三州男《みすお》と言い、短身痩躯の色黒で、無愛想。

母の名はミエ。三州男より少し背が高く小太りだが、同じく色黒だ。こちらも愛想がない。

そのせいか、夫である三州男と顔の雰囲気がよく似ていた。

息子は浩三という名で、興梠さんよりひとつ上の学年だ。日に焼けており、長身で痩せている。人とのコミュニケーションも普通に取れる人間であったが、やはり言葉は少なめのタイプだった。

息子の嫁はタカミである。浩三と同じ年齢だ。色は白いが、背が高く、がっちり型だった。いつも猫背で済まなそうな顔をしている。

彼らは町中心部より離れた、山と山に挟まれた場所にひっそりと居を構えている。後ろに聳える小さな山。そこに沿うように建てられた木造二階建てが彼らの住居だ。

二階建てと言っても、元々の平屋に継ぎ足し継ぎ足し造ったような歪なものであったので、見目の良くない粗末なものでしかない。

家の傍には小さな田畑が拓かれており、父母が世話をしている。

出荷することはなく、全て家族で消費をしているようだった。

息子は山を越えた所にある会社に勤めており、嫁はその会社に出入りしていた業者の人間を見初めて連れてきたと聞く。今も同じ仕事を続けており、朝になると夫である浩三と一緒に出勤する。

このように外部との繋がりはあるのだが、町民は彼らをとにかく嫌った。

〈上米良の家は元々他から移り住んできた余所者で、獣を獲って暮らしていたから〉

移り住んできて狩猟を生業としていたから忌み嫌うというのは、興梠さんには全く分からない理由だ。

そもそも中学校の頃まで浩三とは先輩と後輩の仲であったたし、彼本人には何の問題もなかった。学業もスポーツも人並みであった上、性格も普通なのだから。

一部町民が上米良家を色眼鏡で見ているとしか思えなかった。


興梠さんが宮崎市内で就職をした頃だったか。

上米良家に家族が増えたと聞いた。男女の双子であった。

〈嫁は外の人間やけど、やっぱり畜生腹よ、双子ば産んぢ〉

口さがない連中がそんな風に罵る。

何故か興梠さんの両親も似たことを口走ることが多かった。

「上米良ンげは、ちとおかしかいよ。じゃかい、双子を産んだっち」

たまたま用事があって実家へ戻ったとき、親子の会話で出た言葉だ。

あまりの口振りに、興梠さんは何故そんなことを言うのか、疑問をぶつけた。

「ちとおかしい、って何がや？」

「そら、上米良ンげは、ケダモンの家やかいよ」

ケダモン。獣を指す。酷い表現だ。

「上米良の両親――今は祖父母になった三州男とミエは元々双子の兄妹であったが、禁じられた関係になった。地元に居られなくなり、この町へ逃げるようにやって来た。だから、獣なのだ」が両親の言い分である。

ただし、戸籍を確認したわけでも、当人たちから聞いたわけでもない。だから真実かどうかは誰にも分からないのが真相だ。

誰が言い出したのかは今となっては分からない。噂がひとり歩きしているだけであるが、そこに人間の厭な部分が浮かび上がっているように思う。

彼は暗澹たる気分になった。


それから七年ほどが過ぎ、興梠さんは実家へ戻った。

父親が急死したからである。

家業と共に農地の管理を彼自身が行わなくてはならなくなったからだ。

そのときはすでに三十歳手前で、妻を娶っていた。

宮崎市内から引っ越すついでに二世帯住宅を構える。

それは、この先はこの土地で生きていくのだという覚悟の表れでもあった。

最初こそ苦労したが、次第に仕事や人間関係に慣れていく。

余裕が出来てきたせいか、日々の仕事の合間、ふとあの上米良家のことを思い出した。

(生まれた双子は小学生になっているだろう)

町の人間がその子供たちにどのような態度を取っているのか。考えるだけで気が滅入る。

夜、自宅で食卓を囲んでいるとき、母親に訊ねてみた。

「上米良さんとこ、子供はもう小学生やないと？」

彼女は鳩が豆鉄砲を食ったような顔を浮かべた後、口を開いた。

「上米良ンげの子供は、もう居らんとよ」

居ない？　だとすると引っ越したか、それとも子供たちだけで何処かの学校へ転校したとか、そういうことなのだろうか。

母親は首を振った。

「急に居らんごつなった」

上米良家の子らは、七つを過ぎた辺りで姿を見なくなったという。

父親である浩三から双子について聞いた人がいる。

その人物が言うには「県外の親戚にやった。子供が出来ない従兄弟が居て、どうしてもと頼まれたから。双子を離ればなれにするのはかわいそうだから、二人一緒に養子に出した」と教えられたようだ。

興梠さんがこっちへ戻ってきてから、確かに双子の姿を目にした覚えはない。

でも、と頭に疑問が浮かぶ。

上米良家の浩三とタカミの間に他の子供が居るとは聞いていない。だとすれば、自分たちの子を二人とも渡すだろうか？　例え親戚相手だろうとも、やらないのではないか？

母親はこの問いを理解できないようだ。逆にこんなことを言い出す。

「そら、上米良ンげは、我が子ンすら愛着がネとよ」

夕餉が不味くなるからもうこの話題を止めろと、母親が話を打ち切った。

翌日、興梠さんは仕事の合間に車で上米良家まで行ってみた。

家に程近い道端へ停車し、様子を窺う。

以前と変わらず、いや、以前より見窄らしくなった家屋が、後方の山肌にくっつくように建っていた。近くにあるはずの田畑はすでになくなっており、作物は影もない。

倉庫脇に軽トラが一台止まっているが、ナンバーが外されており、もう使っていない様子だ。

よく見ればタイヤのゴムが劣化し、潰れていた。

ビニール製の屋根が被さったカーポートに乗用車がないから、多分浩三とタカミは働きへ出かけているのだろう。

空いたカーポート内部には洗濯物が干してある。

目を凝らしてみて、それが小さなトレーナーやジーンズ、ジャージと下着類が数枚、スカート数枚だと何とか判別できた。

サイズ的に小学校中学年辺りのものであろうか。

ふと違和感を抱いた。

(この家、もう双子は居らんってことだよな?)

種類と枚数から言えば、子供二人として四、五日分の洗濯物だ。

今、こうして干しているとなれば、この家に子供がいるということになる。

首を捻っていると、不意に車が揺れ始めた。

外から力を加えられているのかと振り返ったが、誰も居ない。

では地震かと近くの電線や電柱を確かめるが、全く動いていなかった。

揺れの周期はランダムで、規則性がない。

ふと、脳裏にあるイメージが浮かんだ。

小学生くらいの子供が二人、後部座席の上を飛び跳ねている。そんなイメージが。

ルームミラーには何も映っていない。しかし揺れは止まない。

もう一度、後ろに目を向ける。当然、何も居ない。

代わりに、後部座席の上に置いていた小さなバッグが勢いよく下へ落ちた。

まるで、誰かに叩かれたか、蹴られたような動きだった。

思わず声が出る。

途端に揺れが収まった。

慌てて車を出す。幸いなことに、まともに動いてくれた。

ふとサイドミラーへ目を向けた。上米良家の建屋が映っている。

一階のサッシが閉まるのが微かに見えた。元から開いていたのか、それとも今、開けて閉じたのか、全く分からない。

(誰か居たのか)

三州男かミエか、それとも二人共か。

他人の家を覗き見ていたことがバレたのか。今し方起こった異様な出来事が頭から抜け落ちる程恥ずかしかった。

だが、その夜だった。

また自宅の食卓で上米良家のことを話題に上げた。今、住んでいるのは大人四人か、と。

「あそこゲんにゃ、三州男とミエは住んじょらんよ」

母親はしたり顔だ。

三州男は家の中で死んだ。自死であるという情報もある。

夫が死んだことでミエは張り合いをなくし、認知の症状が出始めたことで異常行動を繰り返すようになった。

自傷と弄便、異食。半裸での徘徊である。

結果、施設へ預けられることになった。

母親は吐き捨てるような口調で続ける。

「子供も親も居らんごつなったから、あそこの夫婦は朝から晩まで何も家のこつ心配せんと、働いちょっかいよ。でも、最近はパチンコやらパチスロを覚えたごつで、家に戻るのは夜中よ。で、休みんときは朝かい晩まぢギャンブルしちょっから」

だとしたら、現在あの家に住むのは夫婦のみになる。

そして、カーポート内に車はなかった。

(なら、あの家の子供服は？　それと誰も居ないはずの家のサッシがどうして)

ふと、車が異常な揺れに襲われたことを思い出し、鳥肌が立ちそうになった。

母親と妻に今日の出来事を教えるべきか、黙っておくべきか悩む。

話をするとなると、他人の家、それも上米良の家を覗いていた事実を誤魔化せない。

妻はさておき、母親が何を言うか。

自分の行動を秘密にしたまま、上米良家には近づかないことを決めた。

それから一ヶ月半ほどが過ぎた。

夕食の後、母親が住む方のリビングに呼ばれ、こんな話を聞かされた。

「最近よ、あンたンげの方から、なんか子供の声と足音とか気配がするが」

朝、興梠さんとその妻が仕事に出かけた後、彼の母親は家の所用を済ませる。

そのとき、誰も居ないはずの息子たちの居住空間から、小学生くらいの子供特有の甲高い声と、暴れ回るような足音や物音が聞こえるという。

そればかりか、壁をざぁーっと手で擦りながら歩く気配もあるようだ。

母親は水道管を水が通る音や外の音の反響などではないかと思う反面、明らかな子供の声が息子の住む方から聞こえてくることを気持ち悪がった。

「母さん、それはないが」

「なんで？　なんでないと？」

訝しげな顔の母親に、この家の構造を教える。

「防音対策してあるから、俺たちの方から音が聞こえるはずはない」

若い夫婦と母親が住むのだから、当然生活時間が違う。だからお互いの生活音などが聞こえないようにとの配慮から、防音構造にしたのだ。

それに、自分たちはそんなものを一度も聞いたことがない。

「きっと外の音の聞き間違いやが」

「そんなことはないわ。絶対にあンたンげン方から聞こえちょっ！」

母親が声を荒げる。

と、同時に、ドスン、ドスン、という、何か重い物を投げ落としたような音が聞こえた。

遠くで打ち上げられる花火のような低音の響きだ。

あまりのタイミングに、三人顔を見合わせる。

確かめに行くが、音を立てた物の正体を見つけられない。

「でも、なんか居るが。見えんもンが」

母親が眉を顰める。妻は黙っているが、明らかに不機嫌な顔だった。この時代、そんな非科学的なことなんて、と言わんばかりの表情だ。

「気のせいだと思うから。放っておけばいいが」

そう言って興梠さんは母親を自室へ戻らせた。

妻の文句を聞き流しながら、塩でも盛るかと考える。ただし、それをやると妻が激怒するだろう。僅かに塩を撒いたとて、すぐにバレることは明白だ。

仕方がないので、何もしないまま放置した。

だが、二週間経たない内に、二つの不幸が舞い込んだ。

ひとつは母親が階段で足を踏み外し、大腿骨を折った。すぐに病院へ駆け込んだが骨盤の損傷もあり、立ち居が困難になってしまった。

もうひとつは妻だ。

妻がリビングを歩いているときにバランスを崩し、壁に右手をついた。

だが支えきれず、そのままフローリングの上にもんどり打って転倒し、こちらもまた病院騒ぎとなった。

それだけではない。

これが原因で、やっと授かった子供が流れた。

話はこれだけで終わらない。

半年を待たずに母親に認知症の兆候が見え始めた。

五十代でも認知症にはなるのだと説明を受けて、愕然としたことを覚えている。夫婦二人で相談したが、この先介護を長く続けることは難しいことは明白だった。

母親の認知が酷くなったら施設に入れると、決定が成された。

ギリギリまで母親には黙っていようとしたが、空気で察知したのだろう。

「私は、施設にはいかんが！」と抵抗される。

困り果てていた最中、突然母親の姿が消えた。

あの足腰なら遠くへは行けないはずと高を括り、家の周辺を探したが見つからない。

一旦自宅へ戻ったとき、母親の居住スペースへ通じるドアが開いている。

まさかと調べてみると、母親は自室で首を吊っていた。

畳の上に封筒がひとつ置かれている。

中には便箋が一枚入っており、震えるような辿々しい文字が残されていた。

『身体の自由が利く内に、自分で自分の身は始末する』

認知症を苦にしての自死だった。

あの、子供の声や気配を聞いていた母親はこの世を去った。

いつまで聞こえていたのか。それとも本当に勘違いであったのか。

もう、何も訊けなくなった。


母親の死から数年。

妻との間に二度目の子を授かることもなく、毎日を過ごしていた。

二世帯住宅そのものの意義がなくなり、また、家業に関しても先が見えない日が続く。

このままこの土地に居続けても何の発展もないことは誰の目にも明らかである。

興梠さんは妻と相談し、家業をたたむことと、土地と住宅を手放すことを決めた。

この町を出て行き、他の場所へ移り住むのだ。

善は急げと数々の準備を進める。

冬の頃、思ったより土地と家屋が高く売れそうな算段が付いた。高いと言っても微々たるものだが、それでも悪い話ではない。

少し気持ちに余裕が出た興梠さんは宮崎市まで出かけ、趣味の物と妻へのプレゼント、ケーキを買いに出かけた。

思ったより時間が掛かり、市内を出たのは午後四時過ぎ。

冬の陽は釣瓶落としであり、すぐに暗くなっていく。

町内へ入り、何気なく上米良家の近くを通ってみようとハンドルを切った。

あれから一度も近づいていなかったのだが、どうしてこの時そんな気持ちになったのか、自分でも覚えていない。

上米良家の窓は暗く、車も止まっていなかった。

すでに誰も住んでいないのかと言えば、違う。町内の噂好きから何度か上米良夫婦のことは耳にしていた。

彼らはすでに夫婦ではなくなっているらしい。

妻が他に男を作り、出て行ったのだ。

相手はパチンコ店で知り合った鹿児島県在住の若い男。

本当がどうかは知らないが、もし真実なら辛い話だ。

(あのボロ家にひとり。残された浩三はどんな気持ちなのか)

同情に近い想像をすると同時に、妻と自分二人だけの自宅を思い出す。

何かうら寂しくなり、急いで自宅へ戻った。

翌年、松が明けた頃、興梠さんは何となく、また上米良宅へ出かけたくなった。

この年の春には家業をたたみ、西都市へ引っ越す。
それまでは残務整理や挨拶回りだけだが、それなりに忙しかったはずだ。
それでも気になって様子が見たくなったのは何故だろうか。
我ながら趣味が悪いなと自問自答してしまうが止められそうにない。
前回は表側から普通に車で近づいたのだが、今回は少し違う方法へ変えた。
時間は昼間にする。家に人が居ない時を狙うためだ。
また、上米良の家から少しだけ離れた場所に車を止めること。
そこから家の裏にある山伝いに裏手に出て、人が居るか居ないか再度確認。
居なかったらそのまま裏庭に下りて、ぐるりと見て回った後、再び山伝いに戻る。
不法侵入は重々承知しているし、いい大人がやることではないと理解もしている。
それでもやらなくてはいけないのだという意味不明の衝動に抗えなかった。
そして、この計画は、一月終わりくらいに決行された。
下見しておいた場所に車を止めて、山の中へ入る。
軍手をした手で藪を掻き分けながら少し斜面を登り、次に横移動で目的地を目指した。
距離が僅かにあるせいで時間は掛かったが、何とか上米良宅裏手に出る。
斜面に張り付きながら視線を下ろすと、下方へ二階の窓が見えた。
カーテンが引かれておらず、中が丸見えだ。

広さは四畳半くらいだろうか。半分は畳で、もう半分は板敷きになっている。

その畳と板を跨ぐようにグレーの布団が敷かれていた。

半分捲り上げられた掛け布団の一部が空洞のまま膨らんでいる。まるで起き抜けの状態だ。

何となく、万年床だろうと想像が付いた。

周りにはどうしてなのか女性ものの下着が散乱している。

全部で十数枚か。ショーツやブラなどだが、色味が派手だ。何となく若い人のものに思えて仕方がない。居なくなったという妻の置き土産ではなさそうだ。だとしたら下着泥棒でやっているのだろうか。そこは本人ではないからなんとも言えない。

周囲をチェックし、誰も居ないことを確信してから、裏庭に下り立った。

近くで見ると建屋の劣化が酷くなっていた。

それでも電気のメーターは回っている。そしてプロパンガスのボンベ二本があるので、まだ人は住んでいるはずだ。

あの洗濯物があったカーポートは、被せてあるビニール部分が裂けて垂れ下がっている。中に車はなく、また、洗濯物も干されていない。

表側に回ると道路側から人が見ている可能性があった。

予定を変更し、裏手に戻った。

上を見ると、換気扇と窓がある。台所だろうか。

窓にそっと手を掛ける。力を込めると開いた。

近くにあったブロックなどを足場に、中を覗いた。

一瞬、頭の中が疑問符だらけになった。

台所の向こうにあるのは居間らしき空間だ。

散らかっている部屋の中央に炬燵テーブルがある。

その天板の上に、茶碗が六つ置かれていた。

それぞれの茶碗には箸が一膳ずつ横に渡されており、今食べ終わった、或いは、今から配膳しますという雰囲気が漂っている。

また、炬燵の周囲は揃えられた靴で囲まれていた。

男性が履くような革靴二足。女性物の革靴（パンプス）が二足。子供のスニーカーが二足。見えるだけで計六足あった。

意味が分からない。

窓をそっと閉じ、もう一度斜面へ戻った。

振り返ると二階の窓が視界に入る。

万年床の掛け布団の中から、細く、白い、小さな足が一本だけ見えた。

子供のマネキンの足パーツの雰囲気がある。だが、それにしては生々しい。

それにさっき、こんな物はなかった。あれば、きっと認識して覚えている。

思わず目を逸らした。

視界から家屋の姿が消えるまで上へとよじ登った後、車がある方角へ足を滑らさないように進み出す。

途中、木々の間に少しだけスペースが空いている場所を見つけた。

少し休もうと足を踏み入れると、椎茸のホダ木（椎茸の栽培する際、種菌を植え付ける原木。大人の腰の高さ以上の長さの細い丸太）が数本転がされている。

ここで椎茸でも作っているのかと周りを見渡すと、地面の何ヶ所かに四角いトタン板が置かれていた。サイズは大きめの座布団くらいか。

下が僅かに盛り上がっているようで、四隅が浮いている。

持ち上げてみようかと手を伸ばしたとき、板の向こうに小さな線香鉢を見つけた。

色は白や薄緑で、少なくとも四つ以上有る。

横倒しになっている物もあるが、それ以外には燃え残った線香が数本刺さっていた。

今も誰かが使っている雰囲気が残っていた。

（ここに居てはいけない）

反射的に移動を始めるが、斜面に足を取られてなかなか進めない。

何度も何度も転びながら這々の体で車を止めた場所の真上に辿り着く。

見下ろすと、何故か車体が大きく揺れていた。

ふと、あの日のことを思い出す。

恐る恐る車内を覗く。何も居ない。

車外にも何もなく、また、風も吹いていない。

思わず、自分の車に向かって怒鳴った。

「止まれッ！」

ピタリと揺れが停止する。

今だ、と斜面を滑るように下りた。

調べると車に異常はない。鍵を開け、運転席に乗り込んだ。

「……え？　なんで？」

ハンドルの高さが変わっている。シートの位置も前へ移動している。

鍵は掛かっていた。窓も閉まっている。何処も無理にこじ開けた痕跡はない。誰かが動かすなど不可能だ。

エンジンを掛け、注意しながら道路へ出る。

すでに空が夕焼けから菫色へ変化を始めていた。思ったより長い時間が過ぎていたのだ。

時々対向車がやって来るが、その度にそちらへハンドルが取られる。

何度もぶつかりそうになりクラクションを鳴らされるが、自分ではどうしようも出来ない。

その度に叫びながら、ハンドルを叩いた。

自宅へ着いたのは完全に日が暮れてからだ。

車から降りると思わず地面に膝をつく。足に、身体に力が入らない。

這いずるように玄関を開け、上がり框の上に倒れ込んだ。

やって来た妻が、悲鳴を上げ縋り付いてくる。

何故そんなに騒ぐのかと口に出そうとするが、掠れた声しか出ない。

水を飲ませて貰って漸く人心地が付いた。

妻に、何故さっきあんなに騒いだのか訊くと、彼女はことも無げに答えた。

「顔が、まるで土気色をしていて、今にも死んでしまいそうに見えたから」

そんなに酷かったのかと驚いた。

何とか立ち上がり、リビングへ行くとそのままソファへ座り込む。

後を着いてきた妻が、ハッと何かを思い出した顔に変わる。

「そう言えば、さっき、あなたが戻ってくるちょっと前やと思うっちゃけど。インターホンが鳴って」

妻が出ると、子供の声が響いた。

――こーいちくん、いますか？

こーいちが浩一だとすれば、興梠さんの名前だ。

「いませんって返事したら、ブツッと切れたっちゃわ」

暗くなっていたので何処の子だと外を確かめたが、もう誰も居なかった。

「多分、二人くらい居たはずやけど。最初、せーの、って言ってから声を揃えてたから」

小学生が訪ねてくる予定があったのかと妻に訊ねられたが、そんなものは知らないとしか答えられなかった。

何か用事があるなら、また来るでしょ？　という妻の顔を見ながら、今日の出来事もまた、話すことは出来ないなと思ったことは言うまでもない。

それ以降、おかしなことは何も起こらなかった。

当然、上米良家にも近づかなかった。


春になり、興梠さん夫婦は西都市へ転居した。

新しい商売で忙しい日々を過ごすうち、過去の記憶が薄らいでいった。

しかし、妻と二人でテレビを見ていたときだ。

宮崎県内で起こった複数人を殺害した事件の報道が流れた。

被疑者死亡で詳細が不明なままになった事件である。

画面を眺めながら、興梠さんの口から自然と言葉が零れた。

「不謹慎やけど、犯人ち言われている奴は、何かが〈よっついちょった〉んだろなぁ」

その瞬間、妻が目を見開いた。

「その、〈よっついちょった〉って、お義母さんもよく言っちょったよ？」

確かにそうだ。

母親は、異常な行動をしたり、意味もなく人を傷つけたり殺したりする人に対し〈あンやつには、悪いもんが、よっついちょったんやが〉と良く話した。

よっついちょった、は、寄り憑いている、を意味する。

簡単に言えば、理由なく悪いことをするものは、何かに取り憑かれているのだ、ということだ。母親がよく使っていたので、興梠さんにも同じ表現が染みついていた。

懐かしそうに妻が言う。

「そう言えば、上米良さんやったっけ？　あそこの人らにも、お義母さんは〈アイツらはよっついているから、近寄らんべし〉って言ってたっちゃが」

突如、記憶が蘇る。

興梠さんは上米良宅について、少しずつ町で情報を集めたことがあった。

上米良家の噂、である。

時期は、家業をたたみ、こっちへ引っ越すまでの間だ。

その中に、こんな内容があった。

〈上米良の息子、浩三は、まず双子を殺し、裏の山へ埋めた。父親の自殺は双子の祟り〉

〈異常行動を繰り返す母親を施設に送った後、男と逃げた妻を追って連れ帰り、さんざん虐待を繰り返した。その後、再び逃げた妻と男に激しい悋気を起こして探し回った。その後、妻と男がどうなったかは知らないが、浩三は大人しくひとりで暮らし始めた〉

どれも単なる噂でしかないし、信憑性もない。子供を殺したとすれば、発覚しない訳がないだろう。だが、どこか引っかかる部分もある。

しかし、このことを何故今まで忘れていたのだ。

自分でも分からない。記憶を自ら意図的に封じていたのか。

あの報道と〈よっついている〉の言葉が出たせいで、彼は様々な記憶が蘇った。

上米良家のことも——そしてあの時の、自分がやったことも。

完全に、私の恥ですが、どうしても聞いて貰いたかった、と興梠さんは漏らす。

そして、一連の話を世に出すことで、何か鎮魂にならないだろうかと願う自分も居るのだと言い添えた。

西都市に来てから、興梠さんは一度だけあの場所へ戻ったことがある。

上米良の家は近年の異常気象による土砂崩れで、綺麗さっぱりなくなっていた。

九州四県　河童ロード

河童。

水神やその依り代、神が零落した姿、未確認生物――など様々な捉え方をされる。

また、東日本と西日本では出自に違いがあることをご存じだろうか。

東日本では役小角《えんのおづぬ》（修験道の開祖と呼ばれる人物）や安倍晴明（陰陽師）の式神、左甚五郎（伝説的な彫刻職人）や飛騨の匠が造って使役した藁人形が川に入って変じたもの、等、人の手による場合が多い。

逆に西日本だと中国大陸から渡ってきたとされる。

実際、熊本県八代市の前川の畔には〈河童渡来の碑〉がある。

更に熊本県天草市栖本町《すもとまち》には〈河童街道〉が通っているのだ。

そして、天草市には河童の手が残る神社もあり、無病息災の祭りで大事に使われる。

中国大陸にほど近い熊本県で河童伝承や河童の痕跡が残っているのは興味深い。


しかし、九州の河童の逸話とはこれだけだろうか？

それが違うのだ。

この現代にも河童の姿を見た、声を聞いた、死体を発見した……他諸々の情報がある。

例えば、鹿児島県では護岸工事のコンクリートの上に正体不明の足跡が発見された。この近くでは河童の声を聞いた、他の足音を見つけた、他の証言がある。

足跡と言えば、長崎県対馬市と宮崎県西都市で河童の足跡の発見事例があった。

両方に共通しているのは〈粘液状の足跡だった〉ことだろう。

また鹿児島県某所で河童の死体を見つけたが、少し目を離した隙になくなったという。

宮崎県高千穂町では河童を見たという人の証言も聞いた。

川の中央にある岩の上で膝を抱えて座っていたが、見ていることに気づくと水の中へ飛び込み姿を消したという。

大分県には〈河童の詫び証文〉が残されている。

佐賀県にも河童のミイラが存在し、福岡県内には河童伝承や逸話は数多い。

鹿児島県奄美群島では〈ケンムン〉、沖縄県には〈キジムナー〉と呼ばれる河童の眷属が存在している。

これだけに留まらない河童伝承や事例を繋げていくと、九州全体を縦横無尽に埋め尽くす〈河童ロード〉が完成するのだ。


さて、ここでは九州四県の目撃譚を纏めようと思う。

しかし、それが河童かと問われれば、分からないとしか答えようがない。

一読されて、各自判断頂きたい。

◆

大分県宇佐市安心院町の津房川でおかしなものが目撃された。

巨大スッポンである。

川の中州で甲羅干ししていたらしいが、畳半畳以上の大きさがあった。

いや、比較するものがなかったので、もっと大きかったかも知れない。

首は短めで太いので、スッポンの体型と若干違っているように感じる。

目撃した人が友人たちと騒いでいると、巨大スッポンは悠然と立ち上がった。

後ろ二本の足で。

スッポンはちろりと見物人たちへ視線を流した後、そのまま川へ入り、見えなくなった。

もう数十年前、昭和の時代の話である。

◆

大分県某所に住む人曰く。

「ウチの裏側、山に面した場所は河童の通り道だ」

深夜、家の裏側を甲高い声が通り過ぎていく。

野鳥の鳴き声に似ているが、自分たちが知っているものには該当しない。

声が聞こえるのは、春と秋が特に多かったという。

昭和が終わる頃、この家に泊まった客も声を聞いたが、「ふん、何が河童だ。どうせその辺りの獣や鳥だろう」と悪し様に吐き捨てた。

ところがこの客はそれ以降病みついてしまった。

半年ほどしてから漸く近隣に住んでいた拝み屋へ行き、事情を話したところ、こんな助言をされた。

〈河童さんが怒っているから。謝りなさいよ〉

拝み屋に言われたとおり、数々のお供えと毎日の謝罪でやっと許された。

が、そのときにはすっかり人相が変わるほど痩せてしまっていたらしい。

このせいか、あまり長生きできなかったという。

◆

声は平成が始まった数年後から徐々に減り、今は全く聞こえなくなった。

熊本県球磨川流域に掛かる橋がある。

平成二十五年くらいだったか、夜中にある人がそこを車で通りがかった。

橋の手前で、何かに気づく。

あっと息を呑んだ。

手摺りの上に人影が立っているのだ。

水面までかなり距離があり、落ちたらただでは済まないことが明白である。

悪巫山戯だろうか、それとも自殺志願だろうか。

諫めるべしと車を止めようとしたとき、その人影はポンと道路上へ降り、そのまま近くの茂みに姿を消した。

もの凄いスピードだったので、どのような姿をしていたか分からない。

顔も、服装も、性別も。

ひとつだけ言うなら、やけに腕が長く見えたという。

車から降りて確認したが、もう何も見つからなかった。

◆

五年ほど前の話だ。

熊本市内のある女性が、体調不良に悩まされていた。

常に倦怠感と関節痛がして、日が暮れると頭痛と発熱に襲われる。

風邪の症状に似ているが、病院へ行っても良くならない。

彼女は解熱鎮痛剤に頼るしかなかった。

三ヶ月以上耐え続けたあるとき、母方の祖母が自宅へやって来たが、様子を見てすぐこんなことを口にした。

「こんた、ないかが憑いている。○○んところで拝んで貰え」
○○は所謂、祈祷師と言われる人らしい。
半信半疑で足を運んでみると、小さな小母さんであった。
二、三、質問されたが、最後「喉が渇かんか？」と訊ねられる。
確かに体調不良になってから水分が摂りたくて仕方がない。ただし、ビールなどの酒類は一切身体が受け付けなくなっていた。

祈祷師はふんふんと頷きながら、何事か口の中で呟いている。

「多分、蛇か……河童どんかな？　どっちか。うん。河童どんか」

祈祷師曰く「何処かで河童どんに頼られた。しかしその声が貴女には聞こえないから、仕方なく体調という形で訴えている。河童どんは綺麗な水がある場所も求めている。そこへ連れて行くと貴女の身体も治る」。

水の綺麗な場所は熊本には多い。

何処が良いのか訊くと祈祷師は彼女の後ろを見詰めながら、何か呟いた。

「……ふんふん。ああ、白川水源」

白川水源へ行って欲しい。そこに着いたら離れる。あとはその場で水を三口飲んで、それから水を汲め。汲んだ水を家で飲めば更に良い……ということだった。

白川水源は阿蘇郡南阿蘇村にある名水の湧き出す場所だ。

お礼を言って祈祷師宅から戻る。

翌日、改めて白川水源へ出かけて、聞いたとおりの行動をしてみた。

驚いたことに、三口めの水を飲み終えた瞬間、身体が軽くなり、調子が戻ってきた。

ボトルに水を汲み、家で飲んだが、更に体力が戻ってくる。

世の中には驚くことがあるのだな、と彼女は感心したという。

因みに、何故河童どんが彼女を頼ったのかは、今も分からない。

◆

宮崎県西臼杵郡高千穂町は神々の郷である。
以前ここに住んでいたある人物がいる。
今、五十を越えた彼女は、他の土地に居を移した。
海の見えるところに住みたいという夢を叶えたためだ。
そんな彼女が小学生のときだった。
寒かったから、冬だったと思う。
遊びに夢中になったことで、帰りが遅くなってしまった。
夕日はあっという間に山に隠れ、すぐさま夜が近寄ってくる。
慌てて走っていると、道路の一段上にある林の中から聞いたことがない声が聞こえた。
〈ひょーおっ、ひょーおっ、ひょーおっ、ちょーおっ……〉
人が悪ふざけしているような甲高いものだ。
思わず立ち止まり、声のする方を透かし見た。
木と木の間に、子供が居た。
いや、子供ではなかった。
子供くらいの背丈をした、毛むくじゃらの猿のようなものが立っている。
しかし立ち姿が猿ではないし、顔が黒くてよく見えない。
ただ、らんらんと輝く大きな両眼があることだけが分かった。

思わず悲鳴を上げると、相手は凄い勢いで林の中を走って逃げた。

泣きそうになりながら家に着いて、母親に縋り付いて今し方あったことを話す。

「ああ、それは〈ひょうすぼ〉だわ」

ひょうすぼとは、河童である。

「攫われておしりの穴から大事なものを盗られて、ひっけ死んとこやったが」

母親は良かった良かったと繰り返した。


それから似たものは二度と見ていない。

しかし、彼女は今も夢に見るほど鮮明に〈ひょうすぼ〉の姿を覚えている。

◆

宮崎県日向市はサーフィンのメッカである。

素晴らしい波がやって来る浜があるからだ。

サーフィンが好きなある人が、今も覚えていることがあるという。

それは彼が子供の頃に遡る。

とても寒い時期、海難事故があったと両親から聞いた。

誰かが海で溺れて死んだ、というような内容だったと思う。
「危ない場所で泳がない、寒い時期に海に入らない」などの注意も受けた。
ふうんとそのときは思った。
後日、図書室から借りてきた妖怪大図鑑のようなものをリビングで読んでいた。
その中に、ある記述を見つける。
〈河童は、水の中に人を引きずり込み、溺れさせ、尻の穴から尻子玉を取って殺す〉
そうか、と得心がいった。
海や川で溺れるのは、河童の仕業なんだ、と。
が、そのとき、背後から声が聞こえた。
――チガウヨ。
子供のような、舌足らずな発音だった。
振り返ると何も居ない。
驚いていると、母親がリビングへやって来る。
「お友達が来ちょっと？」
来ていない。ひとりだと恐る恐る答えると、首を捻られる。
「え？　何人か話している声が聞こえたんやけど？」
ただただ呆然とするほかなかった。

以降、彼は河童と呼ばれる存在はあると思っている。

だから、サーフィンなどで水の中に入るとき、心の中でお願いをする。

（今日も安全でありますように）と。

◆

鹿児島県内には〈十五夜綱引き〉という祭りがある。

隼人族の月信仰と関係があると言われている。

ツナネリ（綱を綯《な》う）ことから始め、夜はそれを使った綱引き、続いて縄で土俵を造り、相撲を取り合うのだ。

河童伝承が残る薩摩川内市では、〈十五夜綱引き〉を基調とした「川内大綱引き」という行事も市を挙げて行われている。

ある人は、十歳になるまでこの〈十五夜綱引き〉の相撲で勝ったことがなかった。

彼は背だけが高く、痩せていた。

自分より小さな相手に投げ飛ばされるのが悔しくて仕方がない。

父親と相撲の稽古をしたが、効果は薄い。

体重を増やそうとして大食いもしたがお腹を壊す。

打つ手がなくなったとき、父親が教えてくれた。

「河童さんは相撲が強いっち聞くが。一度頼んでみるといいかも知れん」

しかしどうやって頼めば良いのか分からない。

父親が調べたところ、「河童さんは水神様だから、水神様に頼むといい」と言い出した。

水神様を求めて、父親と川沿いを歩く。

漸く〈水神様〉の石碑を見つけ、そこで祈った。

水神様、河童さん、僕が相撲で勝てますように力を貸して下さい、と。

祈りが通じたのか、綱引きのときから力が漲っていた。

相撲が始まる。

相手は自分より大きな子だ。

がっぷり四つの状態から必死に力を込めると、相手が勢いよくもんどり打って倒れた。

初めての勝利だった。

取り組みの後、相手の子が首を傾げている。

「お前とやっちょっときよ、なんか知らんけれど、急にふわっと身体が浮いたようになって、気がついたら倒れちょった。自分でもよく分からん負け方やったが」

何かずるをした、していないと言い争いになり、せっかくの勝ちに水を差された気分になった。

後日、父親と水神様へお礼に行った。
相撲で勝って貰った鉛筆の箱を一度お供えして、手を合わせる。
そして最後、箱の中から鉛筆を一本取りだし、そのまま置いて帰った。
翌日その水神様の前を通ると、鉛筆は姿を消していた。

◆

鹿児島県某所に川沿いの家がある。
元々は、とある会社経営者が避暑のために建てたコンクリート製の別宅であった。
三階建ての豪華なもので、かなり凝った造りだ。
が、途中から経営者の親族が住み始めたという。
三十代の両親と、小学生の男子二人の家族構成だった。
ところが住み始めてから少しして、子供の兄の方が三階の吹き抜けから落下し、死亡。
葬儀を出した後、間もなくして父親も出先で急死してしまった。

残った二人の家族は別の場所へ居を移して、この家は空き家となった。

持ち主である経営者がこの家を手放したのか、売り家の看板が掲げられた。

次に入ったのは個人経営の会社事務所であった。

川に向かって大きな窓が切ってあるのだが、そこが応接室になったのは、外から見てすぐ分かる。

ところが二ヶ月もしないうちに、応接室の窓が内側から塞がれた。

カーテンやブラインドではなく、段ボールだったので完全な目隠し状態だ。

せっかくのロケーションなのに勿体ないなと噂しあっていると、この事務所も短期間で移転してしまった。

次に入ったのも会社関連だったが、半年もせぬ内に出て行ってしまう。

誰かが漏らした。

「川沿いに家を建てると、人が死ぬからよくない」と。

川沿いに建てられた家は、住んだ人が死ぬ家になるという。

理由は、川面から上がってくる湿気で健康を損なうこと。

また、場所によってはカワンカミ（川の神）の障りがあるから、らしい。

この川沿いの家に入った事務所に勤めていたある人が言う。

〈残業していると、おかしな気配がする〉

〈三階の吹き抜けの真下で、何か大きな落下音が聞こえるが、何もない〉

〈川沿いの窓から何かが覗いていることがあった。小さな黒い頭に目だけが見える〉

〈会社にいる人間が次から次に、病気に罹った〉

数々の出来事に、社員は恐れをなした。

社長に相談し、何度かお祓いをして貰ったが効き目がない。

物件に何かがあるのだと全員の意見が一致したとき、社長がある決断を下した。

〈事務所の移転をしよう。世の中には目に見えない何かがあるのだ〉

社員数が少ないとは言え、ここへ移るには各種費用が掛かっている。

それすら無駄にしても良いのだという判断だった。当然会社そのものへのダメージは計り知れない。それでも、という英断であった。

が、こういう集団の中にはあまり気にしない者も居る。

その人物が冗談めかして、こんなことを話した。

〈川沿いだから、きっと河童の祟りじゃないの？　まあ、そんなのないけど。だいたいさぁ、そんなので引っ越すなんてアホらしいやん？〉

そう言っても、いろいろなことが起こっている。

中には彼の態度を諫める者も出てきて、よく口論になった。

それでも彼は何度も〈河童のせい〉だと吹聴した。

準備が整い、事務所移転当日となった。

その日、この〈河童のせい〉と口にしていた社員が、三階からの階段を転げ落ち、大怪我を負った。

見ていた人が言うには「物理法則を無視したような落ち方だった」。

彼は会社へ復帰しようとしたが後遺症もあり、結局自主退社してしまった。

この川沿いの家は、物見遊山で侵入者が増え、近隣に迷惑が掛かるようになった。

問題の元を絶つために取り壊され、今はただの川沿いの空き地である。

〈特別寄稿・エッセイ〉

南九州と私、自然と神と人の繋がり

コミュニケーションデザイナー　伊勢博美

「何かに導かれたようだった」

そんな経験をしたことはないだろうか。

私は南九州の霧島の麓にある、宮崎県高原町の祓川神楽《はらいがわかぐら》との出会いから、現在進行形で体験し続けている。

最初に祓川神楽を知ったのは、恩師の撮影した神楽の写真と、神楽を繋ぐ人々や神事の撮影エピソードであった。朝まで一晩中続く夜神楽と、神事の晩の焼酎の話は尽きることがなかった。恩師は毎年、各地で開催される神楽に関東から通い続けていた。ある年、「十二月に祓川神楽へ行かんか？」と、声がかかった。しかし、一緒に出掛ける機会はなく、恩師は翌年鬼籍に入った。厳密に言えば、『神楽は毎年ある、いつかご一緒しよう』と、私は目の前の日常を優先し、先送りにしていたのだ。恩師が他界してから、『なぜ、声をかけていただいた時に、一緒に行かなかったのだろう』『恩師が通い続ける神楽と地域の魅力は何だったのか』と、後悔の念と、もう答えを聞くことができない疑問が頭から離れなくなった。

そんなある日、「三十年前に子供の舞をしていた子が大人になって、メインの剱の舞をしている」と、恩師が二枚の写真を見せながら、まるで我が子の成長のように嬉しそうに解説をしてくれた神楽のシーンが思い浮かんだ。その年の冬、私は十二月・第一週の末に狭野神楽、第二週の末は祓川神楽と、高原町の二つの神楽を訪れ、神々と共に生きる人々の存在に心を奪われた。太鼓、笛などの神々の世界に誘う独特のリズム。睡魔から呼び戻すような凛とした冷えた空気に、頭上に広がる煌めく星空。風と木々がささやく言葉、街中で忘れていた感覚を思い出す。そこにあるのは自然、神、自分と向き合う世界であった。そして、神歌の言葉の意味、地域の歴史、神話と宗教、人の生活等、わからないことばかりであった。『もっと神楽やこの地のことを知りたい！』年が明けると地質学から歴史まで、霧島の麓の神楽を少しでもわかりそうなキーワードがあれば関東から通い調べた。その中で、宮崎の別の地域の資料館で、自分の名字と同じ旧漢字を使う同姓を昔の資料に見つけることになる。

「どこから来たの？　うちに蕎麦を食べにいらっしゃい」

祓川神楽の準備を終えた人々が一度家に帰る時間、そう話しかけてくれたお父さんがいた。当時、集落では神楽の晩に蕎麦を振る舞う慣習があった。こうして出会ったお父さんとご家族とは、今では実家のような大切な関係となっている。祓川神楽は神楽という伝統を中心に、自然や神を敬う心が刀と共に代々受け継がれている。日本人としてのルーツや信仰を持つ祓川の人々と話すうちに、私は自分のルーツを知らないことに気が付いた。こうして神楽をきっかけに、「神楽に込められた先人の想いを知りたい」「日本を知りたい」「自分のルーツを知りたい」そう強く願い、行動をしてゆくことになる。

「どうだ、おもろいやろ」と、自慢のあごひげをなでながら、微笑む恩師の声が聞こえた。

自分のルーツ探しを始めると、私の父方の先祖は東北の城で、武士に剣術を教える立場にいたことがわかった。驚くことに、父方も母方の先祖も数百年前に東北や関東甲信越に来る前は九州から渡って来たそうだ。宮崎の資料で見た同姓を思い出し、遠い時間を経て、見えない力に呼ばれているような気がした。さらに祓川神楽と同じく、真剣に特別な想いを持ってきた武士の血が自分に流れていることを知る。祓川神楽は家という日本的家族システムの中で伝統が守り継がれてきた。私の家も、家を守り続けるために祖母の代まで養子縁組や婚姻がされてきた歴史を知る。数代前に交流が途絶えている本家が仙台にあるらしいが、関東では私が最後の血を受け継ぐものである。先祖の想いとその重さに初めて向き合い、ここまで命を繋いでくれた先祖に感謝の気持ちを抱いた。

祓川神楽の奉納される神社には、神仏習合の時代の名残を感じることができる。その場所は、過去に噴火を繰り返してきた霧島を守る信仰の場であり、修験の場でもあった。参加をした神社の神事に般若心経が仏僧により唱えられる時があった。近くにいた僧侶に理由を聞くと、「神は荒ぶる神である。神の業を人が般若心経を唱えることで業をとってさしあげる」とのことであった。日本各地に伝わる神話の神は、人のように喧嘩もするし、焼きもちもやく、確かに業はありそうだ。私の母方では高野山真言宗の寺を菩提寺に持っていたので、子供の頃から般若心経は日々の祈りと共に身近にあった。そのためか、この僧侶の話はすっと自分の中に入った。

霧島の麓には古来より自然と神に畏敬の念を持ち、人が共に生きてきた歴史と繋ぐ人々がいる。相手が自然でも神でも、あるがままに受け入れ、共に生きようとする日本の心がある。数百年の時を経て南九州に導かれた私に、大切なことは何かと問いかけをされたような気がしてならない。

最後に久田さんとのご縁も不思議なもので、神楽で出会った友人がご縁を繋いでくれた。実は作品を拝見したときに、言葉に変換できないけれど感覚が反応していて不思議に思ったことがある。それはこの伏線だったのだろうか。そうそう、本年は恩師の十年祭の年だ。「日本も人生もおもろいやろ?」と、少し得意げにほほ笑む姿が目に浮かぶようだ。

鹿児島県

予想もしない

鹿児島県は、文化的に独特である。

他の地域から観光に来ると、先ず驚くだろう。

そして桜島という活火山が爆発する度に、火山灰が降る。

県民はこの桜島と上手く付き合って日々生活していると言えよう。

また、周囲には数々の島があり、それぞれ珍しい風習や祭りが残る。

どれも鹿児島県の魅力である。


このような鹿児島県であるが、心霊スポットも数多く存在する。

有名どころからレアでマイナーな場所など、枚挙に暇がない。

取材・調査をしていくと〈一家惨殺〉や〈殺人事件〉〈未解決事件〉などに関係するパターンも多く、血腥い話も数多く聞く。

しかし、当時の新聞記事を始めとする資料と付き合わせていくと、それが全て真実ではないことに気がつくだろう。

どうしたことか複数の事件が融合されていたり、スポットと事件現場が全くの無関係だったりしているのだ。ここに心霊スポットが発生する理由を垣間見ることが出来る。
ただし、全部が全部同じではない。
中には、スポット化するのも、然もありなんという事柄も沢山あるのだから。

斉野君は鹿児島市に住む。
進学で鹿児島県にやって来たのだが、その後は地元に帰ることなく就職した。
現在は、とある専門的分野で働いている。
そんな彼は、心霊スポットが大好きだった。
鹿児島県に来てすぐ単独で有名な所へ足を運んだ程だという。
期待していたせいか、それとも他に理由があるのか知らないが、何もなかったらしい。
しかし、と彼は神妙な顔になった。

斉野君が二十歳になってすぐの頃だ。
その日、彼は友人女性と二人、鹿児島の某市を散策していた。
そのときは心霊スポット目的ではない。
歴史ある建物や神社仏閣を見て回っていたのである。
が、途中、スマートフォンがないことに気がついた。

さっき立ち寄ったカフェで使った記憶がある。だから、多分そこで忘れたのだろうと目星を付け、友人に店に電話をして貰う。

「あったって。保管しておいてくれるみたい。取りに行く?」

店から結構歩いてきている。戻らせるのは忍びない。

走って取ってくるよと斉野君は友人をその場に待たせ、走り出した。

(方向的には、こっちへ行った方が近い)

途中、脇の小道へ入りショートカットすることにした。

さっきは使っていない道である。

住宅と住宅の合間に通る、両腕を広げられないほどの小径だった。

やけに靴音が跳ね返って響く。

きっと住んでいる人からすると煩いだろう。家々の間を抜けるまで、早歩きへ変更した。

(あれ?　行き止まり?)

進行方向へ背の低いブロック塀が現れる。

よく見れば、道は左側に折れていた。

塀の向こうには平屋が一軒建っている。

建屋そのものは真新しく、今風のデザインだった。

何となく、自分もこういう家を建てたいものだ、と彼は思った。

塀まで辿り着くと庭が一望できる。
芝生とまだ細い植木、そしてダークブラウンのウッドデッキが設えてあった。
大きな硝子サッシ越しに室内も丸見えだ。
完成して住み始めたばかり、という雰囲気がある。
（へえ、なんか良い感じだなぁ）
じっくり見たいが、そう言っている暇はない。人を待たせているのだ。
そのまま立ち去ろうとしたとき、何かが視界の端に引っかかった。
思わず立ち止まる。
塀の向こう。ウッドデッキの下に、何かが居る。
思わず目を丸くした。
（赤ちゃん……？）
赤ん坊が赤いベビー服に身を包んで、俯せになっている。
どうして庭に一人で赤ん坊を放置しているのだろう。
ネグレクトであるなら、黙ってはいられない。
二、三歩戻り掛けて、ふと気がついた。
（さっき、居たか？）
あれだけ目立つ色だ。庭を眺めたら真っ先に目に飛び込んでくるに違いない。

それなのに、スルーしていた。してしまっていた。何故だ。
自問自答している最中だった。
目の前で赤ん坊が消えた。
まるで高レベルのマジックのように、一瞬でいなくなっていた。
思わず、口から小さな声が漏れる。
自分の目の前で起こったことを脳が処理しきれない。
呆然と立ち尽くしていると、大きなサッシが開く。
そして、その家の住民らしき人がウッドデッキに出てきた。
二十代後半くらいの若い女性で、明るい色のシャツに細めのボトムだった。
女性はデッキの縁に立つと、その下を訝しげな表情で見詰めている。
ややあって、斉野君の存在に女性が気づいた。
何か言われそうな感じだったので、そのまま走り去る。
その後はノンストップでカフェへ入り、スマートフォンを受け取った。
礼を述べてそのまま来た道へ引き返す。
低いブロック塀も、ウッドデッキもそのままあった。当然、赤ん坊は消えたままだ。
ただ、ひとつだけ変化があった。
丸見えだったサッシの向こうが、バーチカルブラインドで隠されていた。

外から見えなくするためか。それとも別の意味があるのか。例えば、内側から外が見えないように——斉野君にはどちらであるのか分からなかった。

以降、斉野君はこの家を何度か見に来たことがある。

と言っても頻繁に訪れると通報される恐れがあったので、三ケ月に一度くらいだ。

当然、その家の住人に何かを訊ねることも、庭へ不法侵入もしない。

細心の注意を払うことに心を砕いた。

二度目に来たとき、庭の様子が少し変わっていることに気づいた。

ウッドデッキの前だけが掘り返されたかのように芝がなくなっており、土が剥き出しになっていたのだ。

三度目は、デッキが取り壊され、庭の隅に小さなお社が建てられていた。

四度目は、社がなくなっており、家と庭が酷く荒れていた。

五度目で空き家となり、その後は買い手がなかったのか、更地となった。

その後は行かなくなったのでどうなったのかは知らない。

斉野君が言う。

心霊スポットだけがヤバいとこじゃない。きっとこういう風に、何気ないところにポツンと何かがあるパターンも全国には多いのではないか？　と。

そうかも知れない。

鹿児島県下だけですら、数ヶ所そのような場所を聞いている。

中には、体験者に何らかの影響を与える場所もあった。

影響――そう。斉野君にも覚えがある。

彼はあのウッドデッキの家を確かめに行くたびに、みるみる視力が下がった。

二十九歳の現在、裸眼では生活が出来なくなっている。

視力の衰えは一応止まっているようだが、いつまた落ちるか分からない。

途中で「視力低下の原因はあの家ではないか」と予想したのだが、どうしても見に行くことを止められなかった。

やはり、物見遊山で観に行ってはいけない場所があるのだ、と彼は後悔している。

だから今、斉野君は心霊スポットにも、それ以外に少しでも怪しいと思った場所にも、絶対に足を運ばないようになった。

最初から関わらなければいいのだから、と。

海沿い

逆瀬川さんの趣味はドライブだ。

大学の友達を誘って観光地を巡ったり、買い物をしたりと目的は様々だが、基本的に車の運転がメインの楽しみであったのは言うまでもない。

近場なら鹿児島市内や宮崎県、遠くは福岡県まで彼女たちは出かけていたという。


冬が終わる少し前の週末だった。

逆瀬川さんは友人と鹿児島市内でショッピングを楽しんでいた。

夕方、カフェでお茶をしているとき、ふと思いつく。

「このまま海岸線へ出て、海を見ながら走ってみん？　私が運転するから」

友人も目を輝かせる。

「海、いいね！　行こう」

善は急げと駐車場へ車を取りに行く。

カーナビに当時の自宅周辺のランドマークを目的地に設定。高速やフェリーを使わない経路で、海沿いを通過するルートを追加した。

右手に桜島と海を望みながら、国道十号線を走る。

天気は快晴。噴火もしていないせいか、暮れていく澄んだ空が目に映る。

時々コンビニに寄って休憩したり飲み物を買ったりした。

季節柄、午後六時を過ぎると日が暮れる。

「海、見えんくなったねぇ」

助手席の友達が不満げな声を上げた。彼女はスマートフォンを取り出し、お腹が空いたとルート上の店を調べ始める。

しかし海岸線をなぞる道に興味をそそられる店は何もない。

一度道を外れるべきかと考えたとき、友人が声を上げた。

「何、あれ?」

海側を指しているが、何もない。

「海があっところから空へ向かって、光が昇っていった」

店で売っているような小さな打ち上げ花火に似ていたけれど、動きが違うらしい。

左右にふらふらと大きく蛇行しながら上空へ昇っていったと友人が訴える。

「黄色と緑の中間みたいな色やった」

灯台でも漁船の灯りでもなさそうだ。やはり誰かが打ち上げた季節外れの花火なのだろう。

話はそこで終わった。
ところが急に逆瀬川さんの体調が悪くなった。
吐き気と悪寒がある。風邪でも引いて熱が出たのかと額に触れるが、冷たい。
手足から力が抜け出し、視界も狭まってきていた。
このまま運転を続けると事故を起こしかねない。
後方車両が居ないことを確認し、路肩へ止めてハザードを点ける。
友達に相談すると運転を代わってくれると申し出てくれた。
「早くおうち帰って、休んだ方がいいよ。そこからなら私も家族が迎えにこれるし」
素直に善意を受け取り、助手席へ移る。
寝ていて良いと友人が言ってくれたので、シートを倒し、目を閉じた。
あっという間に意識が遠のいた。

ふと自然に目が覚めた。
どれくらい時間が過ぎたのだろう。周りは暗い。
体調はまだ完全に回復しておらず、僅かに悪寒が続いている。
気がつくと車が止まっていた。エンジン音も聞こえない。
よく考えると車内は真っ暗だ。インジケーターなどの光すらない。

運転席にいるはずの友人の姿も消えている。
(休憩で外にいるのかなぁ)
シートを起こしてウインドウ越しに暗い外を眺める。
(……ここ、何処?)
車から降りる。
目が慣れてくると横から後方に掛けて木々が並んでいることが何となく分かった。
何となく明るく感じる。月が出ているのかも知れない。
足下は固い地面だが、砂が多い。周辺に生えている木は松のようだ。
見上げると予想通り月が出ている。
昇ってから少し経った後のような高さだ。向かって左側がまだ満ちていない。
樹木がない方へ少し進むと突然海鳴りが耳を打った。
前の方から冷たい風が吹き付け、潮の香りが鼻を衝く。
月の光を照り返す海がそこにあった。
遠くにチラチラと小さな光が揺らいでいるが、あれは街の灯だろうか。
目の前にある緩い下り坂の砂浜が波打ち際に続いている。
何処かの海岸に来ていたようだ。
(休憩で寄ったのかな?)

月明かりの中、友人の姿を探すが何処にもない。

波打ち際辺りに居るかと目を凝らすがそれらしき姿は見えなかった。

(あ。そうか。電話)

車に戻り、スマートフォンを取り出す。

何度かタップして、友人に電話を掛けた。

呼び出し音が鳴るまで、周りに視線を巡らせる。

松林の中で何かがポウと光った。

着信通知で光るスマートフォンに照らされた友人がそこに居た。

(そこだったんだ)

名前を呼びながら電話を切る。途端に林の中が暗くなった。

後を追いかけて木々の間に踏み込む。想像以上に月の光が届かないせいか、足下が見えない。

危ないのでスマートフォンのライトを点けた。

漸く友人の傍に辿り着き、声を掛ける。

友達はにっこり笑って答えた。

「もう起きたんだ？　体調は？」

少しだけよくなったかもと伝えれば、彼女は顔を曇らせた。

「大丈夫？　ね、何か飲み物飲んだ方がいいかも。ほら、スポドリとか……」

この会話の途中、逆瀬川さんは林の奥が気になってしまった。

暗闇しかないそこから、何か視線のようなものを感じる。

彼女はそっとライトを向けた。

光が届く範囲には何も居ない。

しかし、更に気配は強くなってくる。

奥の方で何かが動いた。

靄のようなものがひとところに固まって揺らいでいる。色は濃いグレーに見えた。

（男ん人……？）

明確な姿はない。ただの靄だ。

が、それが複数の男性であり、こちらに対して明確な悪意を持っていると、逆瀬川さんは直感で理解した。

友人の手を引き、林の外へジワリジワリ移動を始める。

「どうしたの？　何かあった？」

彼女は異変に全く気づいていない。今は説明せずに車へ乗り込ませるのがベターだ。

視線は奥の方へ向けたまま、何があっても対応できるよう身構えながら動く。

幸いなことに靄はその場に留まっている。

林を出た。

その瞬間、右耳のすぐ傍で「チッ」という複数の舌打ちが響く。

全て男性のものに聞こえた。

途端に全身が総毛立つ。

友人を助手席に押し込み、運転席へ飛び乗る。

エンジンを掛け、Uターンすると林と林の間に道が見えた。

きっとここが出口だと後先考えずに車を乗り入れる。

少し進むとアスファルトへ変わり、道路へ出ることが出来た。

バックミラーを見ることが出来ない。何かが追いかけて来ていたら厭だったからだ。

「ねぇ、どうしたの？」

暢気な友人に、後で話すとだけ伝えて、アクセルを更に踏む。

兎に角、人が居るところへと走り続け、漸く一軒のコンビニを見つけた。

駐車場の線を無視して止める。

そこでやっと友人へ説明をすることが出来た。

だが相手は首を傾げてきょとんとしている。こちらの言うことが理解できない様子だ。

確かにこんな突飛な話信用できないだろうと考えてみたものの、どうも会話が噛み合わない。

お互いに認識がずれている。

友人の言い分をきちんと聞いてみた。

――私が運転を代わって少し経った後、逆瀬川さんが急に起き上がった。

そして、止めてと言いだした。

その通り、路肩へ停車するとカーナビを弄る。

目的地を設定した後、ナビの通りに進んでと頼まれた。

またすぐ眠ってしまったので、ナビの指示に従って進んだ。

途中で目的地が遊泳禁止の浜辺であることが分かったので、本当にこれでいいのか悩んだが、起こすのも忍びないので黙っていた。

その内、目的地へ着いたので、どうしようか悩んでいるとまた逆瀬川さんが起きる。

あの林は珍しいもので、奥の方へ行くと海鳴りが上下左右から聞こえるのだと教えてくれた。

一緒に行こうと言えば、まだ気分が悪いから眠っておく。ひとりで楽しんできてと送り出された。

外へ出ると空の真上に満月が煌々と照っていて、林の中も照らしている。

ああ、これは綺麗だなとライトも点けず歩いて行った。

途中、突然電話が鳴ったので見ると逆瀬川さんからの電話だ。

立ち止まって操作しようとしていたら、すぐに着信が切れる。

顔を上げると逆瀬川さんが車の方からこっちに来る姿が目に入った。

聞けばまだ体調が悪いらしいので心配になったが、突然腕を引っ張られて車に乗せられた。
そのままここまで連れてこられた――。

逆瀬川さんにはナビのセットや友人との会話など一切の記憶がない。
だいたいずっと眠っていたはずだ。
そして、空は満月ではなかったし、中天にかかってもいなかった。
それに林の中ではライトが必要なくらい暗かった。
他にもおかしな点が多々ある。
いろいろな情報を整理し、友人に包み隠さず伝えた。
彼女の顔が見る間に硬くなり、最後は泣き出しそうになっている。
「林の奥へ行っちょったら、私、どうなってたの……？」
もう、何も言葉が出なかった。

しかし、あの林の一件から二週間も過ぎないときだった。
友人が事故に遭った。
彼女が赤信号で停車していると、後ろから追突されたのだ。
相手は中年男性だが、どうしても自分の責任を認めない。

男性は「青信号なのに急ブレーキを踏まれたことが事故原因」と言って譲らない。

友人は「赤信号で停車し、ある程度時間が過ぎた後に後ろから追突された」認識だ。

しかし男性は更にこんなことを言い出す。

「アンタ（友人）の車内の後部座席に大きなぬいぐるみか何かが幾つも乗っているみたいで、後部ウインドウを塞いでいたようだから、後ろが見えなかったんだろう。だから車が来ていることに気づかなかったはずだ。こちらが注意して車間距離取りつつ減速していたことに感謝しろ」

しかし友人の車にぬいぐるみなどひとつも乗っていない。

ダニの温床になるからと避けているからだ。

これはすぐに証明されたが、男性は絶対に乗っていたと納得がいかない様子だ。

どちらにせよ急ブレーキ云々は警察に任せるほかなかった。

だが、互いの言い分が違いすぎて、解決まで長い時間が掛かった。

ドライブレコーダーがあればよかったのだが、友人の車には搭載されていない。

何とか友人は〈責任なし〉になったが、保険の担当が教えてくれたことがある。

「これ、相手がもう少しスピード出していたら大怪我か何かしていましたね。相手が低速だったからこれで済んでますよ。一歩間違えたら危なかった」

友人は血の気が引く思いがしたという。

そして逆瀬川さんも隣の市へ移動中、事故を起こした。
タイヤが突然バーストし、スピン。電柱にぶつかる直前に停車したことで助かった。
ひとつ言えば、タイヤは交換直後であり、新品であった。
現在も逆瀬川さんはドライブが好きである。
ただ、日が落ちた後、海岸線のコースは取らないことにしている。

焼酎

九州と言えば焼酎と答える方も多いだろうか。

確かに九州では焼酎の蔵元が常に鎬《しのぎ》を削っている。

その土地の風土、原材料、酒造元ごとに特徴があり、バリエーションに富む酒が呑めるのであれば、一度蔵元探訪などを楽しむのも一興だ。

もちろん、酒を呑まずとも九州には美味しい物が沢山あることも書き添えておこう。

下舞香《しもまいかおり》さんのお父さんは、鹿児島生まれ。

当然、焼酎が大好きだった。

彼女が成人したら、一番好きな蔵元の焼酎を酌み交わすのが夢だと笑っていた。

だが、それは叶わないまま、お父さんは病で鬼籍に入った——。


それから十五年が経ち、香さんは健康診断で引っかかった。

内臓系の癌、であった。

早期の発見であったが、必ずしも転移がないと断言できない。

まだ二十代後半である。病気の進行は速い。
適切な治療が必要であった。
入院日が決定したが、不安で押し潰されそうになる。
鬱々と過ごしていると、お父さんのことを思い出す。
彼もまた、癌で夭折したからだ。
手術を受けたが転移が見つかり、あっという間に――。
(思い出さなければ良かった)
彼女は頭の中から、お父さんのことを追い出した。

入院三日前の朝、お母さんが香さんを仏間に呼んだ。
着いていくと、仏壇の前に座らせられる。
「あのね、お父さん、出てきたの」
昨晩、お母さんが眠っていると肩を揺らして起こす者が居る。
香さんかと目を開ければ、常夜灯に照らされた懐かしい顔が合った。
亡くなった夫――お父さんだった。
健康だった頃の若々しい顔で笑っている。
〈香が大変やろ?〉

知っている声だ。が、口が動いていない。表情も変わらない。

〈俺の好物の焼酎を仏壇に上げてくれているが。あれを香に呑ませろ〉

何故？　と訊ねれば、お父さんは当然といった口調で答えた。

〈そうすれば、香は助かる。転移も再発もしないが〉

でも、香は一滴も呑めないの、と返せば、お父さんはそこで初めて動揺したような顔を浮かべる。

〈あっちからやと、分からんとよ。そうか。一滴も呑めんか。お前の血を引いたのか〉

お父さんは、少しだけ間を開けてから、再び口を開いた。

〈お供えもんの焼酎を含ませたガーゼで、香の額と癌になった辺りを軽く叩け〉

そうしたら、大丈夫だと頷いてから、お父さんはすーっと掻き消すように消えた。

「だから、今から、お父さんの言うとおりのこと、しよう」

俄に信じ難い。塞ぎ込んでいるから元気づけようというお母さんの嘘だろうか。

香さんの考えていることを読み取ったのか、お母さんは微笑んだ。

「嘘やないと。本当にお父さんが教えてくれたんだから」

半信半疑であったが、藁にも縋りたいことは確かだ。

母親に従うことを決めた。

仏壇の前に置いてあった一升瓶の封を切る。お父さんが好きだった蔵元の焼酎だ。

お母さんがガーゼに染み込ませて、香さんの額を軽く叩いた。

冷たい。焼酎が垂れてくる。

（……あれ？　いつもと違う）

良い香りがする。

彼女はアルコールの臭いも駄目だった。ビールだろうがウイスキーだろうが、ワインだろうが、日本酒だろうが、焼酎だろうが、気持ちが悪くなる。

しかし、今日は甘くフルーティに感じた。時々花のような香気も漂う。

通常ならこんなことはない。

「これでよし」

濡れた場所を拭き取って終わった。

念のため一升瓶の口に鼻を近づけてみる。

思わず顔を顰めた。普通の焼酎の匂いに戻っていた。


その後、香さんの手術は成功した。

五年経った今も、転移など見つかっていない。

自分の病気のことを知っている男性から求婚され、婚約もした。

結納の前日、彼女は夢を見た。

出てきたのはお父さんだ。

とても景色の綺麗な高い場所で、二人ベンチに座って話している。

〈香も結婚か。おめでとう〉

ありがとうと返事すると、急にお父さんが泣き始めた。

〈お前と焼酎を飲むのが夢だったが、呑めないとは知らなかった。許してくれ。あと、病気になる前に、護れんがったことも。すまない〉

大丈夫だよ、お父さん。私はちゃんと幸せだよ、これから先も幸せになるよと抱きしめた――

――そこで目が覚めた。

頬が濡れていた。


香さんの実家の仏壇には、常に焼酎の一升瓶が供えられている。

お父さんが大好きな蔵元のものだ。

以前はずっとお母さんが買ってきていたけれど、退院してからは彼女が酒屋さんまで行っては購入してお供えしている。お父さんへの感謝と共に。


きっと私がお供えできなくなるまで、これは続けますと香さんは微笑んだ。

遠い親族

鹿児島県と言えば、島津氏を思い浮かべる人も多いだろう。

鎌倉から江戸時代にかけて続いた薩摩の大名家である。

武事・軍事を尊び、勇猛果敢。

加えて、有能な歴代党首が多かったため「島津に暗君なし」と称されていた。

と言いつつ、籤《くじ》で戦略や後継などの物事を決めていた事実もある。

が、戦国武将にはよくある話で、彼らは呪術も利用していたのだから当たり前の話だろう（島津氏は他にも風水や他の呪術も使っていた情報もある。詳細を書くには紙幅が足りないので割愛する）。

桑迫梢《くわさここずえ》さんは鹿児島県南部に在住の女性だ。

そして、島津氏の血に連なる……らしいのだが、それは嘘だと彼女は思っている。

根拠とされている母方の家系は始祖の辺りから怪しく、所々に粗があった。

確実なのは〈母親の家は薩摩の人間〉であることか。

ついでに調べてみると〈父親の家は日向国から出ている〉らしい。

どちらも所謂百姓をやっていたようだ。

とは言うものの、彼女の名字は鹿児島に多いもの（本文中の名字は仮名）だから、父親も薩摩と何らかの関係がある可能性が高いと思っている。

この家の話をしている最中、彼女がある話を唐突に始めた。

——平成が終わる数年前、桑迫さんがまだ大学生だったときのことだ。

夜、母親の携帯に電話が入った。

口振りから相手が母親の妹、桑迫さんにとって叔母だと分かる。

最初は高い声で話していた母親が、急に声を潜める。

「そう……そうなの？　亡くなったと？」

誰かに不幸があったらしい。

電話を切った母親が、桑迫さんの顔を見て、口を開いた。

「梢。仮屋園《かりやぞの》さんのとこの○○君が亡くなったと。まだ十八やったって」

名前を言われてもピンと来ない。説明を受けてもすぐ続柄が理解できなかった。

通夜や葬式に出なくてもよいが、香典だけは包むという話だった。

「仮屋園さんの家、また、死んだんだね」

母親が眉間に皺を寄せながら漏らした。

また死んだ――この仮屋園家に何があるのか。

こちらの問いに、桑迫さんが反応する。

そうなんです、この仮屋園の家、気になることが多いのです、と。

桑迫さんが知る限りの情報をここに記す。

情報元は概ね母親や親族からだが、一部は仮屋園一族から得たものである。


仮屋園家。

昭和中期に桑迫家の家からこの仮屋園へ嫁いだ人間が居たことで親族関係となった。

仮屋園の親族は鹿児島県と宮崎県、両県だけに住んでいるということなので、元々南九州の家系なのだろう。

現在、桑迫一族と仮屋園一族はそこまで親しくないが没交渉というわけでもない。微妙な距離感の付き合いである、と言えた。

この仮屋園一族は早く死ぬ人が多い。

或いは、長生きをしても最後は酷い死に様を迎えることが多々あった。

中には産まれる前に死産となった子も居る。

対して、米寿を迎える寸前に自宅の庭で急に意識を失い、置いてあった庭石に頭部を強打して逝った人物も居る。

庭石で亡くなった人は病院搬送の途中、突然意識を取り戻し、耳を劈くような悲鳴を上げたとも聞く。救急車に同乗していた者が聞いていたが、五十年生きてきて、初めて聞くような絶叫だったようだ。

中には、何度も死に損なった形跡を残した二十代の人間もいた。

自宅内を吐瀉物や汚物、血液で汚し、そのまま二階へ這いずるように上がり、そこで何かを飲んでから首を吊って絶命していたらしい。

その際、安全カミソリや切れない包丁を使ったせいか、身体中に浅い切り傷が残っていた。出血量はそれなりであったが、死には至らないものだ。

どういうことか、顔だけは無傷であった。

状況が状況だから当然警察が入ったが、事件性なし、自殺であると結論づけられた。

他にも幾つか聞いたが、どれも異様な最後であった。

また、早くして亡くなった者の年齢に法則性はない。

十代から四十代までばらつきがある。

死亡理由もそれぞれ違い、事故や病気、次いで自殺の順で多かった。

老齢だと事故と自殺がほぼ同率で、病気は少ない。

どちらにせよ、仮屋園家にはいつも死が纏わり付いていたと言えよう。

このような仮屋園一族であったが、皆それなりに裕福な生活をしていた。

俗に言う〈高給取り〉が多かったのだ。

それに亡くなる人間が多数あったとしても、他に兄や姉がいたり、子を成してから亡くなったりと一族の命脈を保っているので、家が途絶えることはない。

だが、やはり早死や酷い死因に悩む人間が出てくるのは必然だろう。

仮屋園のある家が仏教のある宗派を改めて深く信仰した。

〈仮屋園の血筋、そして自分たち家族を救ってくれ〉と。

ところが、それ以後、その家で立て続けに不幸が起こった。

まず祖父母がほぼ同時に認知症になり、施設へ入ることになった。

その後、その祖父が肺炎で先に死亡。少し間を開けてから、祖母は少し目を離しているときに転んで頭を打ち、亡くなった。

次に五歳の娘が病気に、その母親は女性特有の癌を患った。

家長である父親と高校生の長男、三歳の次男の三人には何もなかった。

他の仮屋園の家でも似たことがあった。

そこは俗に言う新興宗教へ入信したという。

その家の母親が職場の友人から勧誘を受けたことがきっかけである。

以降、父親、息子、娘二人の計五名が信仰の道へ入った。

その後、娘二人が後遺症の残る怪我を負い、母親は片目の視力を失った。

この二つの家だけではない。

類似の事例は他にもある。

例えば、ある家は信仰を始めた途端に跡継ぎが亡くなって、残りの家族が治りづらい病気に罹患した。

他には、一家全員夜逃げする事態に陥り、今も行方知れずになった一家もある。

実は仮屋園にはある話が伝わっていた。

〈家伝の神仏以外を信仰することなかれ〉

もし他の神仏を拝めば、たちどころに障りがあるぞ、と脅しのような文句が続く。

その家伝の神仏とは何か？

流石に桑迫さんもそこまで詳しくない。

彼女が知り得た情報は少ないのだ。

〈布で覆って隠した小さな木像を、真夜中に念仏を唱えて拝む〉

〈ひと月のうち決まった日に食べてはいけないものもある。現在はそこまで厳しくなくなっている。給食や仕事上の会食などがあるせいだ〉

この程度である。

似ているものに〈カヤカベ教〉がある。

彼女に調べて貰ったが、それではないと確定した。

だとしたら鹿児島県の土着信仰とは全く無関係で、独自の宗教形態なのだろう。

それでも早死・酷い死が続けば、前述の通り他の宗教を頼る者が出てしまう。そして不幸に見舞われたその姿を見た他の家は「ああ、やはり他を信仰しては駄目なのだ」と家伝の宗教を改めて信じるのだから、なんとも言えない話である。

ただ理解しがたいことに、何故か仮屋園の家々には普通に仏壇があり、葬式は仏式、お寺の墓地へ骨を納めるという。また結婚式は神社や教会でも行っている。

慶事や弔事だけは許されているということなのか。或いは〈他に救いを求める〉といけないだけなのか。判断は付かない。


更に、仮屋園一族には立ち入っては行けない場所もある。

もし訪れることがあれば良くないことが起こると伝えられていた。

桑迫さんが聞いたのは、大体が鹿児島県と宮崎県に渡る地域である。

今回この話を書くにあたり、再度ご両親へ聞き直して貰った。

詳細は伏せるが、概略で言えば〈鹿児島県　鹿児島市某所〉数ヶ所。〈鹿児島県　日置市某所〉数ヶ所。〈鹿児島県　始良市某所〉数ヶ所。〈宮崎県　宮崎市某所〉数ヶ所。〈宮崎県　都城市〉

数ヶ所。〈宮崎県　小林市某所〉数ヶ所。〈宮崎県　えびの市某所〉数ヶ所……と数多い上、広い範囲に渡る。

ただし、全ての場所はかなりピンポイントである。

普通に暮らしていればなかなか足を運ばない、或いは運ばなくても何の影響もない所が殆どを占めている。

よって特段注意をしなくてもよい……のだが、過去から数名、この教えを破る者が出た。

はっきりと分かっているのは、計三名。

昭和の時代に二人ほど。

そして平成が終わる少し前にひとり。

全員が死亡したという。

死因はそれぞれ違っていた。

昭和の二人のうち、ひとりは「鹿児島市某所を訪れた後、立ち寄った川で水死」。

もうひとりは「鹿児島県日置市某所に立ち入った後、仕事中の事故死」。

どうして二人がそこへ行ってしまったのかまでは伝わっていない。

平成の場合は、これより少しだけ詳しい話がある。

仮屋園一族の某氏は大学を卒業した後、家業を継ぐために外へ見習い修行に出された。

場所は宮崎県内の会社である。

彼は真面目で人当たりも良く、仕事もそれなりに出来て評判が良い。

社内での覚えも良く、すぐ沢山の友人を得た。

そんな修行の最中、入社から一年が過ぎた頃のある日曜日だ。

同僚の実家へ会社の皆で遊びに来ないかと招かれた。

楽しく過ごしている途中、某氏は急に体調を崩した。

一時間ほど休んで回復したが、体調が大丈夫な内にアパートへ戻ると言って、同僚実家をひとり後にした。

しかし翌日、出社時間になってもその某氏が出社しない。

携帯にも出ないので、無断欠勤かと少し問題になった。

昼休み時間、同じ部署の人間が彼のアパートを訪ねてみたが施錠されており、返事もない。

仕方がないなとその日は帰った。

しかし翌日も会社に来ないのでこれは何かあったのではと某氏の両親へ連絡。アパートの部屋へ入ると、ベッドの上に変わり果てた姿で横たわっていたという。

後に調べると、同僚実家の近くに〈立ち入ってはいけない〉場所を見つけた。

当日は買い出しのついでに周辺地域に立ち寄ったり、わざと遠回りをして山の方へ行ったりしたようで、そのときに足を踏み入れてしまっていたようだ。

車だったことと土地勘がなかったことが原因だった。

この〈立ち入ってはいけない〉場所を地図上でマーキングしてみたが、法則性がない。共通項は鹿児島県と宮崎県であることだけである。

桑迫さんにも訊ねてみたが、他にこれという情報はなかった。


そう言えば、と桑迫さんが述懐する。

十年ほど前だが、仮屋園一族に属する家に彼女は入ったことがあった。

高校生の頃で、桑迫家の法事の帰りだったと思う。

その家に何かを届ける用事を、父親が頼まれたからだ。

相手の家に着く。

中流家庭的な住宅で、少し広い庭と車二台くらい止められる駐車場があった。

空いている方に車をバックで乗り入れる。

法事帰りで喪服ということもあり、両親は玄関先で荷物を渡して終わるつもりだと聞いていたので、車の中でひとりで待つ。桑迫さん自身も学校の制服だったから、あまり外に出たくなかったのだ。

ところが母親がやって来て、降りなさいと言う。

この家の奥さんがお茶でもと誘ってきて譲らないのだ、と渋い顔だ。

「あっちが、今ひとりだけで暇やっち言っててね。どうしても断れんがったわ。お茶を飲んだら手短に帰っよ！」

　母親が耳打ちした。

　承知して家に向かうと、玄関脇に父親が待っている。

　横には身なりの良い上品な四、五十代の婦人が立っていた。

「お清めすっが」

　婦人は手に塩の容器らしき物を持っている。

　三人は塩を振られ、玄関内部へ足を踏み入れた。

　ムッとする臭いが鼻を衝く。

　猫を飼っている家独特の臭気だ。いや、というよりも猫の排泄物などに頓着しない家の、と言うべきだろう。

　よく見れば婦人の紺色のスカートに猫の毛が沢山着いている。

　制服なのに、厭だなぁと思ったことを覚えている。

　リビングに通されたが、座るのを思わず躊躇した。

　ソファを始めとする家具が爪研ぎのせいかボロボロになっている上、床のカーペットはシミと毛だらけだ。部屋の隅に何頭か猫が居て、警戒したような目でじっとこちらを睨み付けている。

　猫は嫌いではないが、こういう状況だとなんとなく避けたくなるものだ。

紅茶と菓子が出されたが、何となく手を出したくない。
父母と婦人の会話を聞くともなく聞いていると、突然インターホンの音が響く。
婦人が出るが、すぐに戻ってくる
しかしインターホンは繰り返し鳴らされた。
「最近、壊れっちょっとよ」
苦笑いをしているが、感情の読めない目つきがなんとも気持ち悪い。
早くここから帰りたいなと考えてるとき、不意に鐘の音が二回鳴った。
仏壇のりんの音に似ている。
次は三回。また、二回。
三回、二回、三回……同じパターンで繰り返されている。
方向的に隣の部屋だが、木調の引き戸で遮られているのでその正体は分からない。
母親がこちらを振り返った。何か言いたそうな顔だった。
婦人は全く気づいていない様子で何かを話し続けている。
が、急に音が止んだ。かと思えば、今度は廊下を駆け回る足音が響き出す。
小学生くらいの子供が二人、追いかけっこをしているような印象を受けた。
足音はリビング辺りまでやって来る。
振り返ってみたが、ドアのせいで廊下は見えない。

足音は階段を上る調子に変わり、二階へと移る。

床を踏みならし、騒々しい。振動すら感じる。天井から埃が落ちてきそうな程だ。

これも婦人は全く気にしていない。

続く騒ぎの途中、婦人が短く声を上げた。

「あ」

同時に足音が止んだ。

「そろそろ子供が帰ってくっが。おやつを用意せんと」

子供？

おやつを準備しないと行けないような年頃の子供が居るのだろうか？

疑問に感じていると母親が立ち上がる。

「そろそろ私どもも、お暇します。ご馳走様でした」

三人、さっさと玄関を出た。

靴を履いているとき、二階へ続く階段へ視線を向けてみたが、何もなかった。

車に乗り、少し離れた所で父親が口火を切る。

「ああ、臭い家やった。お茶もお菓子も厭だったから、手を付けんがったが」

「本当よ！　もう、話を止めないから、いつまでも打ち切れなかったが」

それに、と母親が後部座席の桑迫さんを振り返って言う。

「変なことあったよね？」

「うん。それにインターホンとか、仏壇の鐘の音やら、足音やら……あれ、一体何？　あの家、あの小母さんしか居ないっちゃろ？」

母親を遮り、父親が話し出す。

「おう。あそこん家は、祖父さん祖母さんは心中してもうおらん。子供も二人居ったけど、小さい頃に病気で、け死んだ。ほら、早死したらしいが。じゃかい、あそこの家はあの奥さんと夫ん人二人だけよ」

「あー……そうなんだ」

そう答えた瞬間だった。

車が激しく上下に振動する。

父親がパンクか⁉　ハンドルが利かん！　と叫んだ。

ブレーキを掛け停車すると、後方からクラクションを鳴らしながら車やトラックが猛烈な勢いで追い抜いていく。

車の通りがなくなってから、父親が外へ出た。

車の周りを確かめた後、運転席に乗って首を傾げた。

「どのタイヤも大丈夫やったが」

エンジンを掛け、ゆっくりスタートするが、何の異常もない。

さっきのは一体なんだったのか、原因が分からなかった。

だが、その晩から家族三人、全員が吐き下しと高熱で倒れてしまった。

食中毒を疑ったが、法事で口にしたものや家に帰って食べたものに怪しい点はない。

では、あの家のお茶や菓子かと考えたが、誰も一切手を付けていないのだ。

病院へ行っても原因の確定が出来ず、結局三日も会社や学校を休む羽目になった。

快癒してから家族全員神社で厄払いをして貰う。父親たっての願いだった。

曰く、あの家から戻ってからだから、きっとお祓いは必要だ、らしい。

しかし、今度は家の中でおかしな声や気配がしたり、冷蔵庫の中に食物が賞味期限前に腐ったり、様々な異変に繰り返し見舞われるようになった。

小さな人影が誰もいない部屋から飛び出してきて廊下を走ったり、不意に消えたりするところを母親と桑迫さんが別々の時に目撃したこともあった。

加えて、ときどき家全体が酷く振動して驚くことも多々起こった。

桜島の噴火による振動より激しく、また、長い。

そして、家が揺れた後は神棚や仏壇から何かが落ちている。

お札や位牌、遺影以外の物だったが、落下する数は毎回必ずひとつと決まっていた。

例えば、榊の葉一枚やお供えの林檎ひとつ、である。

厄払いをしたのに未だ祓えてないのかと、後に三度ほど神社へ行って、漸く事は収まった。

全部で一年弱掛かったと思う。

「四回も厄を祓わんといかんとは」

仏頂面の父親を宥めながら、桑迫さんは何気なく思った。

(四度のお祓いかぁ。……あの家の亡くなった人も、四人だったなぁ)

偶然の一致だろうが、何となく嫌な気持ちになった。


桑迫さんは慎重に言葉を選びながら話す。

「仮屋園は島津氏分家と関わりがあった家の血筋とも言っています。ウチみたいに嘘なのかどうかは分かりません。でも、あの数々の因縁と関係しているのかなぁと想像することはありますね。それに、何度も話していますが」


――今も、早く亡くなったり、酷い死に方をする人、出ているみたいです。

巡霊は続く　――あとがき

本書〈南の鬼談　九州四県怪奇巡霊（以下本書）〉は如何だっただろうか。
ひとつ書き忘れた怪異譚があった。
それをここへ特別に書き起こしておきたい。

九州某所に廃ホテルがあった。
完成当初は沢山の人で賑わって、かなり儲かったらしい。
が、立地のせいで客足が鈍り、遂には廃業の憂き目に遭った。
以降、心霊スポットと化したという。
そして、肝試しに来る人間が様々なトラブルを起こすようになった。
例えば、勝手に進入して怪我を負う。真夜中に集まって迷惑行為をする。
物見遊山でやって来た女性を狙って暴行を働く輩がやって来る――。
だから、進入禁止の看板が立てられ、警察によるパトロールの巡回路となった。

では、ここは本当に心霊スポットだったのだろうか？

幾つかの目撃談や体験談が存在しているのは確かであり、更にそれらの中には客観的視点で捉えられているものも多かった。

あるとき、この廃ホテルへ足を運んだ人物が居る。

到着したのは夕暮れ時であった。

立ち入り禁止だからと彼は外からじっと建物を見詰める。

ホテル自体、かなり傷んできていた。

窓硝子は割れ、カーテンの切れ端が風に揺れている。

駐車場やリネンなどの搬入口にはゴミが散乱したままだ。

かつて客を招き入れていた入り口の脇に、女性の下着が吊されていた。

彼はもう一度、ホテルを見上げた。

かなり上の階にある割れていない窓が夕日を反射している。

だが、その横、窓枠しかない部分に何かがぶら下げられていた。

一瞬、心臓が止まりそうになる。

何故なら、それが生首に見えたからだ。

目を凝らすと、美容師がカットの練習に使う首だけのマネキンらしいと分かる。

紐か何かで吊されているようだ。

なんだ、悪趣味だなと視線を下げる。

（……あれ？）
入り口の脇に、同じようなマネキンの首が吊されている。
さっき見たときは、下着、それもブラジャーだったはずだ。
もう一度、視線を上げた。
あの窓に、マネキンはなくなっていた。
恐る恐る入り口へもう一度目を向けた。
ブラジャーが風に揺れていた。
彼はそのままその場を後にした。
その後、この廃ホテルは取り壊され今は存在しない。

――この廃ホテルは、九州四県の何処かにあった。
しかしここでは明らかにしない。

さて、本書を書くに当たり、再取材などで四県を飛び回った。
その際、新たに耳にした情報や、新規体験談などもあり、有意義な旅であったと思う。
更に言えば、本書の内容には地方が抱えるものも取り入れた。
ある意味〈地方の縮図〉としても読めるかも知れない。

では、改めて謝辞を。
まず、数々の体験談を提供して下さった皆様。
お陰で本書を上梓することが出来た。お礼の言葉もない。
また、寄稿して下さった伊勢博美氏・温谷禎康氏にはお手数をお掛けした。
九州の外・内からの視点でのエッセイは本書を更に深いものにして下さったと思う。
担当氏、本書の刊行に関わった方々にも厚く御礼申し上げたい。
そして、本書を読んで下さった読者諸兄姉。
あなた方のお陰で、こうして本を書けている。本当に感謝である。

本書は「南」の鬼談である。出来うることなら、「東、西、北」や「島」の鬼談もいつか纏められたら、と願って止まない。

令和二年　二月吉日

久田樹生

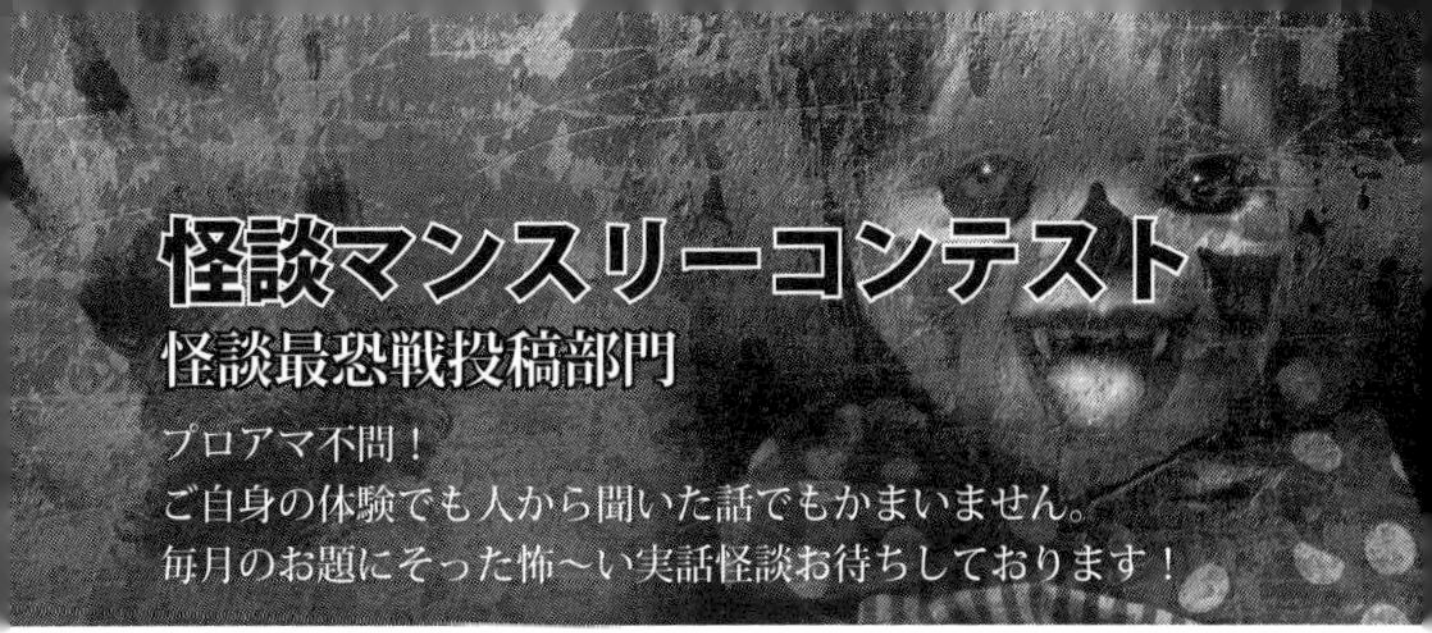
怪談マンスリーコンテスト
怪談最恐戦投稿部門
プロアマ不問！
ご自身の体験でも人から聞いた話でもかまいません。
毎月のお題にそった怖～い実話怪談お待ちしております！

【4月期募集概要】
お題：　植物に纏わる怖い話

原稿：　1,000 字以内の、未発表の実話怪談。
締切：　2020 年 4 月 20 日 24 時
結果発表：　2020 年 4 月 29 日
☆最恐賞１名：Amazon ギフト 3000 円を贈呈。
※後日、文庫化のチャンスあり！
佳作３名：ご希望の弊社恐怖文庫１冊、贈呈。
応募方法：　①または②にて受け付けます。
①応募フォーム
フォーム内の項目「メールアドレス」「ペンネーム」「本名」「作品タイトル」を記入の上、「作品本文（1,000 字以内）」にて原稿ご応募ください。
応募フォーム→ http://www.takeshobo.co.jp/sp/kyofu_month/
②メール
件名に【怪談最恐戦マンスリーコンテスト 3月応募作品】と入力。
本文に、「タイトル」「ペンネーム」「本名」「メールアドレス」を記入の上、原稿を直接貼り付けてご応募ください。
宛先：　kowabana@takeshobo.co.jp
たくさんのご応募お待ちしております！

★竹書房怪談文庫〈怖い話にありがとう〉キャンペーン第２弾！
最新刊の収録話を人気怪談師が語りで魅せる新動画【怪読録】無料配信 !!

読む恐怖×聴く恐怖――“怪読録”。YouTube 公式・竹書房ホラーちゃんねるにて、人気怪談師が毎月月末発売の怪談文庫より選りすぐりの新作を語りで聞かせます！
耳で読む最先端の恐怖に触れたい方は、いますぐチャンネル登録！
●竹書房ホラーちゃんねる公式：http://j.mp/2OGFDZs

南の鬼談 九州四県怪奇巡霊

2020年4月4日　初版第1刷発行

著者　久田樹生
カバー　橋元浩明（sowhat.Inc）
発行人　後藤明信
発行所　株式会社　竹書房
〒102-0072　東京都千代田区飯田橋2-7-3
電話03-3264-1576（代表）
電話03-3234-6208（編集）
http://www.takeshobo.co.jp
印刷所　中央精版印刷株式会社

定価はカバーに表示しています。
落丁・乱丁本は当社までお問い合わせ下さい。

ISBN978-4-8019-2218-1 C0193